特命！
現役保険調査員の
事件簿

小幡兼路
Obata Kenji

文芸社文庫

目次

1　窒息死?!　取り出された数本のラーメンが語る死因（「誤嚥」による死亡は〝病死〟とされたケース）

誤嚥《ごえん》とは誤って飲み込む行為のことである。これが、〝事故〟か〝病気〟のどちらになるかというと、ちょっと面倒なプロセスを経て判定されることになる。

食べ物や飲み物を摂った直後に死亡すれば、誰もが、モノを詰まらせ死亡したのだから「窒息死」すなわち〝事故〟だと思うだろう。しかし、損害保険では〝病死〟と判断されることの多いやっかいな代物なのである。

数年前の二月、大手損保C社の損害サービス部門より依頼が入った。

「伊豆の別荘にて夫婦水入らずで正月を過ごしていた東京の会社役員（六〇歳）が、食事中に食べ物を詰まらせ窒息死した。死亡診断書によると死因は〝窒息死〟となっていた。遺族より傷害保険の請求が出されたが、病死の可能性も否定できないため真相を調べて欲しい」

早速現地に飛び、警察、救急隊、医療機関を廻った。

警察の見解は「一応不審死ということで臨場したが、食べ物を喉に詰まらせた〝窒息死〟と判明し、事件性もないようなので、既に捜査は終了している」であった。

目撃者は奥さん一人ということで、その供述内容をさりげなく尋ねると「食事中の夫が、突然いすからドッタンと床に倒れこんだ」という。

キッチンにいた奥さんが、ドッタンという音で振り返ると、椅子ごとテーブルの下に倒れていたらしい。あわてて救急車を呼んだものの、この時点ですでに意識もなかったようだ。伊豆のはずれということもあり、受け入れ可能な病院までは二〇分以上もかかる。

高規格救急車「PARAMEDIC」だったため、救急救命士による心肺蘇生を受けることができた。しかし、目指す病院へはかなりの時間を要し、結局、到着後一〇分もしないうちに死亡が確認された。

警察では、医師の検案結果に基づき、食べ物を気管支に詰まらせたことによる〝窒息死〟として処理されていた。死亡診断書にも、外因死のところに○がされており、直接の死亡原因欄には食べ物による〝窒息死〟と記載されていた。このため遺族は「事故」だと思い込み、傷害保険への請求を行った。

では、一体何を詰まらせたのであろうか？　この時期は圧倒的に「餅」が多く、「喉に餅を詰まらせ死亡」という記事が全国で一〇〇件近く載る。

しかし、本当に喉や気管支に餅を詰まらせ死亡するケースは三分の二程度で、あとは酒や持病に起因する心不全などの病気先行型が多いというのが我々の調査結果である。つまり、脳や心疾患による発作時にたまたま食べ物などが口にあれば、あたかもそれが喉を詰まらせたかの如く見える訳だ。特に固形物などは、健常者なら何事もなく通過し無事胃袋に収まるのだが、高齢者や脳に異常がある人などは、嚥下（飲み込む）センサーが異常反応することがあり、気管支側へ異物を取り込もうとすることもあるのだ。

警察では、医師の所見に基づき、事件性がないと判断した時点で捜査完了となる。〝病気〟か〝事故〟かまではあまり気に留めないのが常だ。ここから先の原因究明が我々の仕事である。

救急隊、医師及び奥さんと面談し、総合的に考慮した結果、以下の結論に達した。

まず、事故に至る当日の経緯については「餅は飽きたね。久しぶりにラーメンでも食べようか」ということになった。インスタントラーメンを作って夫が先に食べている時、ドスンバタンという音がしたので、キッチンから振り返って見るとテーブルの下に夫が倒れていた。床には嘔吐物もなく、突然の出来事に震える手で一一九番をかけるのがやっとだった。

救急隊は心肺蘇生法などを実施した。一時は呼吸が戻ったものの、再度心肺停止状態に陥り、その間に嘔吐物として認められたのは一〇㎝位のラーメン一～二本と少量の水分だった。つまり、ラーメン数本で窒息するか否かがポイントとなった。

一方、医師や遺族によれば、彼は一年ほど前に脳梗塞で入院していたという。これで、右半身の麻痺がわずかに残り血圧も高い状態にあったことが確認された。

通常、喉に固形物や異物を詰まらせた場合、激しくむせ込んだり七転八倒するなどして苦しむものだが、被保険者の場合、このようなこともなかった。突然椅子と共に倒れ、ラーメンばちをひっくり返すなどの異変もなかったからだ。意識を失ったかの如く崩れ落ちた様子からも、普通の窒息死とは思えないと判断し、持病の有無をヒアリングしたのである。

遺族には気の毒であったが、これを安易に〝事故死〟として処理すると損害保険会社への請求は一挙に跳ね上がり、結局は保険料の引き上げや、例えば「窒息死は免責」など、一般には不合理かつ無意味な保険となってしまうことになりかねないため、心を鬼にして「当該事案は私病先行による突然死と思料します……」として事故性が否定されたのであった。

特に脳梗塞やテンカンなどをわずらったことがあると、こうしたことが顕著に出るので要注意である。我々も常日頃から健康というものをもう一度見直し、特に高齢者の居る家庭では、心肺蘇生法などを学んだり、小型掃除機（誤嚥事故に備えて細いノズルをつけておく）などを手元に置くなどして、いざという時に備えておく必要があろう。

以上

2　自殺

放蕩息子に資金をつぎ込んだ結果、自分が経営するスーパーマーケットの方までおかしくなり、結果ライトバンでセンターラインを越えて対向する大型トラックに突っ込んでいった父親のケースをご紹介する。

一九九三年四月外資系保険会社H社に「深夜ドライブ中にハンドル操作を誤ってセンターラインをオーバーし、対向してきた大型トラックと正面衝突」という事故報告が入った。傷害保険で保険金は五〇〇〇万。後日正式に保険金請求書が届いた時点でも車に付いている自動車保険（ＢＡＰ）以外の保険契約はないことになっていた。

事故態様に疑問を感じたH保険会社のN課長より現場の新潟県小出町での調査を下命され警察署を訪問。

署の駐車場にはまだ事故車が置かれていたが、多くの事故車を見慣れている私でも一瞬背筋が寒くなる程損傷状態のひどいものであった。あとから知ったのだが署に移動されたのちに遺体の一部がこの車の中から発見されたとのことで、衝撃の激しさ以上の一種独特の雰囲気に包まれていた。

早速事故態様をセオリー通り、特に飲酒の有無からさぐっていくと「血液採取ができる状態ではなく、解剖もしていないので〝不明〟」とのことであった。

そうは言っても、本当はちゃんと採取していて最終的に実況見分調書を取り寄せてみると血中アルコール濃度が基準値を超えて出ていることもあり裏づけを取ることにした。（最終的には、飲酒はなかったことが確認されている。）

まずは現場を確認し、残っていたチョーク痕や双方車両のタイヤ痕（いわゆるブレーキ痕）を測り、散乱していたガラス片や部品の一部等から事故発生直後の事故発生状況見取り図を作り、直後に駆けつけたという近所の人にも見てもらいパトカーや消防車両の停止位置や当時の状況をヒアリングし一部修正したりして報告書のベースを作成した。

次に遺族に会い事故に至る経緯を尋ねると、妻であるK子氏は事故以前から認知症の症状が出たりして入退院を繰り返しているとのことで簡単なやり取りしかできないため、長男のA男氏が窓口となった。通常四九日が過ぎてからヒアリングするよう心がけているが、遺族側の意向もあり一日でも早く忘れたいとのことではじめからハイペースで調査が進んだ。

一番ネックになったのは、家を出たのは二日前の夕方である点で「海を見に行ったりするのが好きで、家族にもだまってでかけ、翌日ふらーっと帰ってくることが多かったので……。実際どこに行ったのかわかりません」ということであった。

被保険者は、地元では有名なスーパーマーケットのオーナーで主に衣料品を中心にして売り上げも好調であったとのこと。長男は隣町に同じ系列で大型店をオープンしていたので、この二店の経営状態から調べてみた。

土地建物の権利関係をみると〝〇〇千万〟という数字が散見され、共同担保として多くの不動産を所有していることが判明したので、一つ一つ地図を頼りに現地を確認したところ、ほとんどが水田であったが近所の人の話により魚沼市内のマンションにいくつも部屋を購入していることが判明。

そちらを確認してびっくり、長男名義等でいわゆる借金まみれになっていたのだ。

よりによってそんな時、著名な大型スーパーが道路を挟んで向かい側に建設され、五億以上かけて建てたばかりの長男が社長を務める店の方も閑古鳥が鳴いているという噂。

噂はあくまで噂だが、耳にした以上は事の真偽を確認するのが調査員の務めであり、基本中の基本であるため、名前の出てきた関係者を廻り一つ一つ丹念に事の真偽を確認してゆくと、従業員からも一〇〇万単位で小口の金を借り、一人の従業員などは自分の土地を担保に差し入れ一〇〇〇万ほど融通していることが判明。返してもらえないので弁護士に相談中ということだった。

また、株でも大損しているとのことで証券会社からも裏づけをとったところ法人としての年商三億に対して借り入れ金が二億以上あり、生命保険に一億、損害保険数社で一億の合計約二億の保険に加入していることも判明した。

さらに、大型トラックの運転手に面談し被保険者が一〇〇m位手前で急にセンターラインを越えてそのまま居眠り運転などの様子もなく目一杯加速してつっ込んできたことや、目撃者として調書を取られているもう一人の女性にも面談し、赤信号で停止していた被保険者が青になる前に急発進して反対車線に飛び込んでそのまま真っ直ぐ加速して行って正面衝突した事などを陳述書に取り後日の裁判に備えた。

これらを報告書にまとめH保険会社他D火災海上に提出。結果、保険金支払いができない旨遺族に通知された。遺族側はこれを不服とし訴訟となったもの。

しかし、第一審の新潟地裁長岡支部で保険会社側の全面勝訴となり、その後遺族側から控訴されることはなかったと聞いている。

この様に、調査に携わる者は支払いができるケースであろうとなかろうと、被保険者側と保険会社側に不要なトラブルの種を撒き散らす〝がせねた提供業〟ではなく、事実の裏づけをもってそれをレポートとすべきで、そうすることにより、当事者の〝要らぬ争い〟を防ぐことができるのである。

余談だが、陳述書をいただいた後続車の女性は、実は、近くのラブホテルから助手席に彼氏を乗せて出てきた直後に「目撃者」となってしまった事情があり、裁判所に証人として出てもらうまでもなく紙一枚に署名してもらうことで裁判所に駆り出されなくても済んだ格好となったもので、本来なら協力してもらえない人に、正しい結果を出すためと説得し理解を得ることも大切なポイントである。

遺族には大変気の毒な結果となったが、保険金は自分以外の大勢の人々が出し合ったお金の集大成であることを理解していただけたものと信じている。

近年保険金目的の自殺が急増している世相を反映し、生保などでも自殺に対する支払い条件が厳しくなってきたことは当然といえば当然であるが、生損保を問わずこうした地道で的確な調査ができる様なシステム作りが、これからの保険会社経営のキーポイントとなろう。

正しい調査は不要な保険金支出を防ぐのみならず、リストラや財テクで顕れる効果以上に大きな数字となって経営に反映されるものである。

以上

3　ニセ後遺障害はいつかバレルもの

　平成八年の夏、H保険会社より「大型車に追突した被保険者より、事故で手首を骨折したために半年位経ってから手首が全く機能しなくなったという内容の後遺障害診断書が送られてきた。事故の程度や受傷状況からみて疑問があり、本当に申告通りなのか調査して欲しい」との依頼を受けた。

　事故は深夜、大阪中央環状線の路肩に無灯火で駐車していた大型トレーラーの後部に追突したもので、被保険者が一人で運転して帰宅する途中であったが、時間帯からみて飲酒運転の可能性もあったため病院や警察を訪ねるがそれらしき証言を得ることができなかった。

　あとはこの診断内容に問題がないか確認するため医師に面談。その結果、追突した際に握っていたハンドルからの衝撃で手首を複雑骨折したために廃用となったものとの説明であった。同時にフロントガラスが砕け散ったためにガラス片が顔面に降り注ぎ顔面の傷もかなり残っている状態が確認された。

念のため本人に面談すべく神戸市内の自宅を訪ねるが、証券記載の住所に表札はなく、近所で聞き込みの結果、つい先日までは確かに住んでいたが転居したとのことであった。数日かけてなんとか転居先を調べ、神戸市の郊外を訪ねてみる事にした。

何故保険会社に連絡することなく転居したのか疑問に思い経済状態も調べてみると、案の定かなりお金に困っている様子がクローズアップされた。そんな流れで、翌週あらためてレンタカーを借りて自宅を訪ねてみると、ちょうどご本人が車（赤いインテグラ）をバックさせて玄関前の駐車スペースに入っていくところであった。廃用になったのは右手のはず。にもかかわらず、随分上手に機敏なハンドルさばきで切り返しを行いスーッと入っていくのを見て、右手首が使えなくてこんなスムーズにハンドルが回せるものだろうかとフッと疑問に感じた。結局、手首は実際どういう状態なのかこの目で確認してから本人面談をすることにしてその日は神戸に泊まることとなった。

翌早朝戻って見ると、車は黒いスポーツカーと入れ替わっていた。本人はどこかへ出かけたのかと思い近くで待機していると、本人が出てきて三〇〇〇ccのスポーツカーを発進させていったためあわてて一三〇〇ccのレンタカーをフル加速して追尾したところ、近くの駐車場に入りそこから昨日乗っていた赤いインテグラに乗り換えるではないか。（あとでわかったのだが、この家は息子夫婦のもので、本人が転がり込んできたため、近くに別途駐車場を借りていたのだ。）

インテグラの後をつけると、自宅から五分程のところにある大型スーパーの駐車場に入っていった。こちらもやっとなんとか三台あとに続いて入庫することができ、急いで車を降りると、なんと目の前を傘をさした被保険者が通りすぎていくではないか。しかも傘は間違いなく右手でさしていた。

とんでもないところを目にしてしまったと思いカメラ撮影を試みるが人目も多く、とりあえずその日は動きを確認するにとどめたが、やはり、使えないはずの右手首は何事もなかったかのように機能していることが確認された。

それから一週間後、助手とともに再度神戸入りし、本人の動向を今度は万全の準備で撮影することに成功し、これを裁判所に提出したところ、被保険者の主張は却下され保険会社側の全面勝訴となったもの。

撮影されたビデオには、スーパー内でのA氏の動きがつぶさに捉えられており、右手で商品を買い物籠に入れるシーン、それをレジで精算する時も右手で財布の中から小銭や札を出すシーン、サッカー台の上で左手でビニール袋を開き右手で次々と商品を詰めていくシーン、さらには駐車場に下りてからずっしり重そうな袋二つを両手に提げて歩いた後そのうちひとつを右手を水平にした状態で車の助手席に載せたあと颯爽と走り去っていくシーンであった。

あとになってから、「実は買ったものはトイレットペーパーやティッシュなどの軽いものばかりで、手首に負担はかかるものではない」と抗弁される事態も想定し、購入した内容については細かくスーパーから情報入手しておいたため、牛乳やジュース等の重いものもしっかり持っていたことまでキッチリと証明された。〝天網恢恢疎にしてもらさず〟といったところか。

保険会社がこのような調査をすることは稀ではあるが、偶然目にした不審な行動が数千万の保険金をゼロにしたばかりではなく、疑問点を明確にしてから支払う保険会社の姿勢が続く限り大切な保険金がドブに捨てられることはないはずである。

以上

4 「一見自殺、しかし実は事故だった」車両海中転落の顚末

いくらモラル調査専門の調査会社といえども一〇件のうち二～三件程度は保険金支払いに至ることもある。当初「何かうさんくさい事故だなあ」というケースでも調査を進めていくうちに「なるほど。こういうことだったのか」と納得できる場合である。事前情報に基づく先入観にとらわれることなく、公平な立場で事故の真相を解明することが大切である。

以下はそうした誤った先入観で調査され、あやうく保険金支払いを拒否されかかった遺族がいるという実話である。

それはおおよそ三年前、千葉県は勝浦市の興津港という小さな漁港でのこと、港の拡張工事に従事していた鉄鋼加工業者A氏のワンボックスカーが埠頭から転落して死亡した事案である。私は五〇〇〇万の傷害保険契約があるという外資系損保H社からの依頼で、事故なのか自殺或いはそれ以外のものか調査を依頼され早速現場に赴いた。車は既にスクラップ業者が引き揚げたあとであった。なんとか実車を確認したく業者

を探すと解体寸前の状態で見つけることができた。

車内、特にシートベルトの状態や速度計・タコメーター等を入念にチェックしたところ、メーターから速度や回転数を読むことはできなかったが、ブレーキペダル右下の角に白ペンキ様の靴跡がくっきりとついていた。まるで乾く前のセメントを踏んだ靴でブレーキを踏んだような痕が。しかも、よく見るとブレーキペダルだけではなくアクセルペダルの左半分にも同じ痕が……。AT車でクラッチペダルがない為ブレーキペダルは横長の形状でアクセルは逆ハの字型になっており、アクセルの最下部はブレーキペダルと五cm程度しか離れていないことに気づいた。

ここにヒントが隠されていると思い当時の埠頭の工事状況を関係者に尋ね実際に駐車していたところから岸壁までの距離や着水したと想定される地点までの距離を計測してみたところ、時速三〇km程度で岸壁から飛び出したものと分析された。

これだけだと、〝故意〟に飛び込んだといわれても仕方ない状況である。では、なぜ飛び出したのかを駐車していた位置やそこに駐車した理由・工事内容や現場の状況等を一〇人以上の関係者から聞きだしたところ、意外な事実が浮かび上がった。

実は当日被保険者であるA氏は、自分のところで製造加工した鉄骨を、埠頭拡張工事の土台となるはずの掘削穴の底に固定し、その脇に生コンを流し込む作業をしていた直後の事故と判明。

次の工程に入るまでの休憩時間に自分の車が作業の邪魔になることに気づき、駐車位置を変えるべく車に乗り込む姿が目撃されていた。

目撃されたのはそこまでで、そこからあと転落する瞬間を目撃した者はいなかったが、いずれにせよちょっと移動させるつもりで乗り込んだことは間違いなく、その直後バックや前進をする際に、ブレーキを踏んだつもりがアクセルも一緒に踏み込んでしまった可能性が出てきた。

念のため実車にて実際にブレーキを踏み込んでみると、ちょっと足の大きな人ではアクセルも同時に踏み込んでしまうことも確認された。

さらに、当日A氏は普通の靴よりも若干広めのいわゆる〝安全靴〟を履いていたとの証言を得たことから、最終的には「ブレーキを踏んだつもりが誤ってアクセルも一緒に踏み込んでいることに気づかずパニックに陥り、さらにそのままの（＝アクセルにも足がかかった）状態でブレーキを踏み込んでしまったことで急加速し、そのまま車止めのない所から海中へ転落した」との結論に至った。

その後の遺族面談を通じ会社や個人の経済状態その他慎重に調査した結果でも、特に自殺につながる様な動機もなく、新たな疑問点を見出すことはなかった。

一方、この車には自動車保険が付いていた。A海上火災の契約である。遺族によれば、ここの調査員は調査に入る前から〝経営不振による自殺〟と決め付けてきたらしく、その時の悔しさを涙ながらに訴えていたことが思い出された。

結局、その保険会社もこちらの調査結果を採用し、搭乗者傷害保険等は全額支払われたと聞いている。

以上

5　ICPO（国際刑事警察機構）で手配された被保険者

保険金詐欺する者多しといえど、ICPO（国際刑事警察機構）で手配された人物と接点を持つ日本人女性もそう多くはないのでは？

一九九八年の真夏の出来事である。L保険会社からの調査依頼だった。ナイジェリアに里帰りした夫が交通事故で死亡したとして、横浜に住む日本人妻A子から五〇〇〇万の傷害保険金請求が出された。いわゆる家族傷害保険である。保険金受取人は契約者であるA子。

保険会社に提出されたのは死亡診断書のコピーだったため、担当者より原本が必要である旨伝えたところ、これに納得せず事故状況の説明にも不審な点が多くあるとのことであった。

A子と面談の結果「死亡診断書が原本でないといけないというのは約款のどこに書いてあるんですか？」と執拗に責められ、なんとか説明するも、肝心な事故態様については「現地に駆けつけた時には、遺体も既に荼毘に付されたあとで、骨を持ち帰るともできなかった」とのことで、身元確認すらできていない様子だった。

結局「道路を歩いているところを後ろから来た乗用車にひかれたみたいだが、言葉の問題もあり詳しい状況は聞かされていない」ということらしく、仕方なく、現地入りしたうえで警察や病院での調査が必要となる旨伝えると顔色が変わり「あなたのようなキチンとした身なりで現地へ入ると金品目当ての現地人に襲われますよ。行かないほうがいいと思いますけど……」と半ば脅しとも取れる発言があった。しかも、夫を亡くした直後の妻とは思えないふてぶてしさに不信感がつのるばかりであった。

調べてみると、Ｌ社以外にも数社に対し同様の請求をしていた。そのうちの一社がフランスの調査会社に依頼して現地での調査を行った結果、死亡診断書は偽造されたものであることが確認された。しかも、他の保険会社にも原本ではなくコピーで何とかしろと要求していることも確認された。

そうこうしているうちに、世界中に販売されている週刊誌Ｎの表紙に〝偽造死亡診断書で保険金請求詐欺。背後に国際詐欺集団〟というセンセーショナルな見出しが躍った。

この女が逮捕されたのはそれから一ヶ月位経ってからであった。直接の逮捕容疑は保険金詐欺であったが、このナイジェリアの件ではなく、お皿を使った保険金詐欺というものであった。

実はこの女、以前にもL社に保険金請求をしたことがあり「子供が知人宅で誤って伊万里焼きの大皿を落としてしまったので九〇万円弁償した」として、加入する個人賠償保険での支払いを求めていた。

これを信用して支払いに応じた保険会社は、万一に備え全損として認定した割れた皿を回収していたため、当方でこれを預かり鑑定に出したところ、せいぜい五～六万のものと判明。

この結果、保険金詐欺としてA子は逮捕されることとなった。

当然本来の狙いはナイジェリアの事件の方で、金に困ったA子が夫を被保険者として保険に加入後計画的に里帰りさせ、現地の人間に二～三〇万を渡して殺させたあげく交通事故に見せかけた死亡診断書も偽造させ、多額の保険金を手に入れようとしていたとして再逮捕され現在も収監中である。

当然ICPOから手配されていた協力者もほぼ全員逮捕されたと聞いている。不自然さが際立っていたから保険会社も慎重に対処してきた事案ではあるが、同じようなパターンで巧妙に仕組まれたものも多いので要注意である。

妻が保険金を増額したり、やたらと保険に入るような動きがあったらご注意を！

以上

6　交通事故で死亡したと思っていたら、実は病死だった！

小渕元首相のように、脳梗塞などで突然の死に至る疾患が増えている。中高年が急に頑張った時起き易い心筋梗塞等もしかりで、いわゆる急性脳疾患・急性心疾患としてまとめられるものである。高血圧や糖尿病の持病があると突然の意識障害を招く確率が高く、特に運転中に発症すると大事故となることが多い。

実際近年一般道での正面衝突事故や高速道路での自損事故において、こうした可能性のあるケースが激増している。かろうじて命に別状はなくても、脊髄損傷や脳損傷により植物状態になることも多く、奇跡的に意識が戻ったり軽症で済んだ人から衝突の様子を聞くと一〇人中七〜八人は「一瞬フワーっとした感じで、そのあとのことは全く覚えていない」と答える。こうした人はほとんど衝突の直前に何らかの体の異変があり、そのまま意識喪失に至っていると考えるべきで、居眠り運転による事故とは特徴が異なっている。

この事件簿では、本来そうしたケースを具体的にあげるつもりでいたが、あまりにも似たようなケースが多いので今回は割愛させていただき、最近こうした問題を解決するのに打ってつけの技術が開発されたことと、こうしたものがもたらす保険会社・契約者に対するメリットについて触れてみたい。

ご存知の通り、交通事故で死亡した場合、死亡診断書には「外因死」に〇が付けられ、自殺態様でもない限りその中の「その他の災害死」にさらに〇が付けられることが多い。つまり、結果だけを見て「交通事故により死亡」と判断されるわけである。

我々リサーチに携わるものは、こうした事故の本当の原因を突き止めなければならず、警察や検案医とは異なる観点で調査に当たることになる。つまり、衝突以前に病気が発症した結果事故に至りその結果として外傷が発生したのではないかと考えることになる。いいかえれば、損害保険では〝事故〟か否かの確認が不可欠であり、一方の生保では災害特約の支払い可否を決める要素となるわけで、いままではこの辺を明確にしないままルーズな調査で保険金支払い可否を決めている会社も多かった。

こうした中、来年からメディカルリサーチ株式会社という会社がMRIやCT上では外傷しか見当たらないと診断されている様なケースについて、これをコンピューターで再度解析し、著名な画像診断の専門医により疾病の有無を探索するシステムを稼働させると聞いて、トライアルとして早速五件ほど依頼してみて驚いた。三件は搬入先の救急病院にて外傷による死亡と診断されていたものが、なんと高血圧性の脳出血、或いは脳塞栓、心筋梗塞が先行している様子が確認されたのだ。

他の二件については、一件は病気先行による可能性が高いがＣＴが撮られた時期が遅いのでそれだけでそれを確定することは難しいということで、何がネックになっているか知ることができた。一件は、明らかに外傷により死亡していると判断され、病気を疑っていたものの明確に事故による外傷と断定することができた。

いずれにせよ、いままで保険会社が困っていた「病気か？　事故か？」といった争点がシンプルな形で明確になるシステムであることは間違いなさそうである。

以上

7 社長（兄）を射殺した専務（弟）

名古屋市内に栄町という盛り場がある。そこでピストル殺人事件が起こった。元暴力団員の男（五五歳）が何者かに背後から頭部を撃たれ死亡したとマスコミで報じられたのは三年前の暑い夏であった。

しばらくしてH保険会社より「殺された男性の妻より傷害保険金七〇〇〇万の請求が出されたが、元暴力団員と報道されていること等からみてケンカ闘争行為によって死亡した可能性が高く、免責となるかもしれない。念のため死亡に至る経緯・事実関係を調査して欲しい」と連絡が入った。

早速当日の行動を調べてみると、殺された被保険者は当日午後の便で新千歳空港から名古屋空港入りしていた。経営する会社の名古屋支店の責任者である弟（専務）とその部下数名と会食をする為、皆の待つ割烹料亭に向かう途中、雑居ビルの一階通路で背後から撃たれたという。しかし実行犯は逃走中につき被保険者との関連は不明であった。

所轄に出向くと、実行犯も元暴力団員らしいということまでは何とかつかんだが、被保険者との間にケンカ闘争行為があったかどうかは判然としなかった。

そこで被保険者の居住地である北海道のとある街に飛び、周辺情報の入手を試みたところ、確かに元暴力団員であることが確認されたが、三〇歳頃には完全に足を洗い正業についていた。しかし驚いたのはむしろ堅気となってからの変貌ぶりであった。北海道でもトップクラスに位置する人材派遣会社の代表取締役に就いていたのだ。したがって、契約時点で職業が会社役員となっている点では何の問題もないことが確認された。

一方、奥さんが保険金受取人である場合、受取人自らの手で被保険者である夫を殺したり第三者にこれを依頼したりすれば保険金受取人の故意として免責となるため色々調べてみたが、当日のアリバイも完璧で、また、第三者に依頼したような形跡もないことも確認された。

あとは、被保険者がいわゆる〝ケンカ闘争行為〟にあたる行為をしていたか否かを確認しなければならない。目撃者を探し出し当日の状況を聴いてみたが、結局そうした事実もないことが確認された。

そうこうしているうちに被疑者逮捕という報道が目に入った。これを見て驚いた。捕まったのはなんと実の弟だった。実行犯としてではなく、昔の組仲間に成功報酬を約束し背後から撃たせたという。弟も元暴力団員だったのだ。

この弟、兄とほぼ時を同じくして堅気となり兄の会社を手伝うようになっていたが、その後この会社が急成長するにつれ意見が合わなくなり、実力行使に出たようだ。弟は専務として名古屋支店を任されていたが、どうもそれが気に入らなかったらしく、今後の経営方針に関し意見があると言って兄を名古屋に呼び出したのであった。

実行当日「割烹料亭で皆が待っているから早く来て」と携帯電話をかけて近道を教えるフリをして、まだ人通りの少ないビルの谷間に誘導し背後から頭部を撃たせたのであった。

いきなり背後から撃たれたのであれば、ケンカ闘争行為として免責にすることには無理がある。したがって、保険金は全額奥さん宛支払われることとなった。

奥さんによって引き継がれた会社は、その後更なる優良企業となって成長を続けていると聞いている。

一見ケンカ闘争行為に思える事件でも、キッチリ調べると全く違った事実が見えてくるものである。

以上

8　パチンコ台一〇〇台を水浸しにしたフリーター

もし、あなたの娘さんが階下の倉庫に漏水被害を与えてしまい、高額な請求が出されたとしたら娘さんの保険でこれを償えますか？

以下は、六年前の一二月二六日、東京郊外で発生した漏水事故の実話である。年末で多忙を極めるH保険会社の損害サービス部門に事故報告が入った。加害者となった二〇歳の女性には対象となる保険が見当たらず、大阪の父親が契約者となっている火災保険付帯の個人賠償保険を使いたいとの一報であった。

「女性は何か仕事もしているらしく、学生でもなさそうなので父親の個人賠償保険の被保険者とするには無理がある」というのが当初保険会社の見解であった。しかし実態がつかめていないので、その生活実態と損害状況の確認をして欲しいとのことであった。つまり、大阪の親と同居していない以上、別居であっても生計を共にしていて未婚であることが支払い要件となる訳で、有無責が微妙なケースであった。

早速現場に出向き、小奇麗な木造アパートの二階に住むこの女性に事情を聞いたところ「アルバイトに行って帰ってきたら階下の倉庫のシャッターが開いて人だかりが出来大騒ぎになっていました」という。

原因を尋ねると、簡単な朝食を食べた後、食器を洗い桶に入れて水を出しっ放しにしたまま、これを忘れてそのまま出かけてしまったとのこと。洗い桶にかけてあった雑巾が排水口に詰まり水がシンクからあふれ出たのだ。

階下は近所のパチンコ店の倉庫となっており、保管されていた予備のパチンコ台一〇〇台あまりが天井からの漏水で被害を受け被害額は五〇〇〇万近くになると言われ、どうして良いかわからず大阪の父親に連絡したとのことであった。

涙を浮かべ放心状態の彼女に、それ以上状況を尋ねるのは無理と判断し、後日あらためて訪問する旨伝え、その間に仕事の実態や健康保険証などを確認することとした。

階段を下りると、そこには一階を倉庫として使っているパチンコ店のオーナーが待っていた。四〇歳位の知的な感じのする女性であった。アパートやパチンコ店などを幅広く経営しており、父親の跡をついでＯＬからパチンコ業に転向したという。早速、一階倉庫の被害状況を確認するため説明を受けて驚いた。そこには整然とパチンコ台が並べられており、聞くと、次回新規開店の際に店の台と入れ替えて使うためにストックしていたものであった。
天井からは水がしたたり落ちており、一部はボードもはがれ落ちその下には満タンのバケツがいくつも置かれていて、パチンコ台のガラス内側を見ても、ほとんど全体に水を被った痕跡がクッキリと残っており、被害は予想をはるかに超えていた。特に、出玉を制御する心臓部にあたるＩＣ回路の基板部分が水を被っていて、これを交換しなければ使い物にならないという。

後日、提出された損害品リストに誇張や不実記載がないか、或いはデッドストック品が混入されていないかなどを調査し、減価償却すべきものを選別・適用し、結局最終損害額は三五〇〇〇万程度と評価した。本来、こうした作業は火災鑑定人の仕事だが、〝〇〇フィーバー〟だの〝大工のＧさん〟だの、聞きなれない言葉の一つ一つをメーカー担当者に尋ね、経理帳簿との照合まで伴う作業であった。

肝心な有無責に関しては、一見親元から独立して生計を営んでいると思われていたものの、良く調べてみると、実際はほとんど親からの仕送りに頼り、保険証上も扶養家族となっており、東京に来た理由も、持病を治すためのいわゆる転地療養目的であったことが裏付けられたことにより、最終的に有責となった。

しばらくして、支払通知を受け取った親から丁寧な手紙が届いた。「一時はどうなることか、仕事も手に付かず夜も眠れませんでした。また、もしこの保険金が支払われなかったら娘は自殺するつもりだったことを聞かされ改めて保険の大切さを知りました」という内容であった。

もし、……独立した生計を営み扶養家族とは見なされない……などという誤った報告をしていたら若い命は消えていたかも知れないと思うと、ゾーッとする事件であった。

この父親が大手機械メーカーの総務部長であることは知っていたが、解決後担当代理店から「おかげで会社の分も契約いただきました。機械の生産物賠償保険です」と弾んだ声で連絡が入った。

賠償保険を取り扱う代理店の方にとっては、その必要性をアピールするのにチョッピリ参考となる事案かもしれない。

以上

9　ホームからの転落事故は保険会社泣かせ⁉

新大久保駅で三人が亡くなったホーム転落事故（二〇〇一年の出来事）がセンセーショナルに取り上げられた事があるが、傷害保険の請求事案で金額も大きく厄介なのがこうしたホームからの転落事故である。

以下は自殺なのか病気が先行したのか、あるいは事故なのかを巡って結局割合認定で解決したケースである。

今から一〇年ほど前、関西の私鉄ホームから転落し、おりしも入線してきた電車に接触し死亡した六〇歳の男性がいた。クレジットカード付帯の傷害保険や家族傷害保険をはじめ生命保険数社で合計三億以上になる付保状況であった。

外資系のH社よりの依頼で調査に入った私は、早速当日のご本人の行動を洗ってみた。すると直前までなじみの小料理屋で一人酒を飲み、機嫌よく出ていってから一時間位後で発生していることが分かった。こうした場合必ず問題となるのが、その飲酒の程度が約款に抵触する心神喪失、いわゆる〝泥酔〟を引き起こすほどのものか否かということであり、もしこれが裏付けられると契約から数年経過している生命保険の基本契約分を除き、災害特約分や傷害保険は支払われないこともある。

年に数件こうしたケースを担当するが、いずれの場合もチェックポイントは、飲酒や薬物摂取の有無の他、直前までの行動や目撃者の有無等である。しかし人気の少ない駅や目撃者がいない場合、発生原因を特定するのは至難の業で、遺体の損傷が激しい場合などは血液すら採取されていないことがあり、泥酔の決め手となる血中アルコール濃度すら確認できないことが多い。したがって、別の観点から客観的な裏づけをとっていくしかない。

特に、リストラされた中高年や経営者に係るケースでは、経済調査・職場や家庭での人間関係・癌などの宣告の有無などを確認のうえ、追い詰められた状況になかったか、酒の勢いで喧嘩した挙句突き落とされたりした形跡はないか、或いは保険金での清算を求める金融業者から依頼を受けた〝落とし屋〟が絡んでいないかなど、あらゆる観点から絞り込んでいくわけである。

調査会社によっては、特に中小企業の経営者などでちょっとでも借金があると、まるで鬼の首を取った様に〝自殺に間違いない〟と断定した報告書をあげ高い調査料をとっているところもあるが、これを真に受け結局あとで泣きを見るのは保険会社である。（保険会社の経営陣は、こうした実態にもっと目を向けるべきであろう。）

結局、この方の場合、特に経済的な問題もなく停年退職後に悠々自適の生活を送っていることが確認されたが、問題は健康状態であった。過去に脳梗塞を患ったことがあり、左足に軽い麻痺が残っていたのだ。

この点遺族は、これを根拠に点字ブロックの凹凸に足先が引っかかり、それが原因で転落した〝事故〟であると主張してきた。ところが、現場はそういう場所でもなく、ホーム端を一人フラフラと歩いているところを見ていた人も現れ、転落位置や落ち方などを総合的に検証した結果、躓いて落ちたというには無理があり、ホームの端を歩行中に酒か私病の影響で突然前かがみに倒れ込み、そのまま右足を踏み外して転がるようにしてホーム直下に落下したというのが最も合理的かつ説明のつく見方であると結論付けた。

結局「飲酒の影響下で何らかの〝突発性意識障害〟をきたし転落した可能性が極めて高い」と結論付けられ、この点遺族側も不承不承納得し、係争に至ることなく円満に解決したという。

飛び込み自殺が多発する駅を中心に、何台もの監視カメラを設置しているところが増えているが、目撃者もいない、監視カメラからも死角になっているなどで発生原因が特定できない保険会社泣かせのケースも増えている。私どものリサーチがこうしたケースに少しでもお役に立てれば幸いである。

41　ホームからの転落事故は保険会社泣かせ⁉

以上

10　事故死の形態に疑問あり調査（酒酔いで正常な運転ができなかったかが争点）

平成一〇年の冬、福井県武生市において酒屋を営むA氏（五八歳）が朝になっても帰宅しないため奥さんが一一〇番。家族も自宅裏の駐車場を中心に手分けして探したところ、凍った路面にいくつも車の通った痕がある中で、二本だけ路外に向けて緩やかに曲がっている線を発見。その線の切れた路肩の下には横倒しになっている軽トラックがあり探していたA氏の姿が見えたので一一九番。レスキューの出動する騒ぎとなった。

前の晩からの冷えもあってか外傷がほとんどない割には脱出しようとした形跡もなく、うちどころでも悪かったのか、結局頭部打撲による死亡と検案され、後日外資系のH保険会社に死亡保険金（普通傷害）の請求が出された。

死亡保険金は三〇〇〇万でさほど高額でもなかったが、事故態様に疑問を感じた同社損害サービス部のN課長の指示で、念のため病気先行或いは飲酒や自殺の可能性を確認し問題なければ支払うこととなった。

雪が残っているうちに現場を確認すべく特命を受けた私は、まず事故に至る前日からの行動を聞いて驚いた。発見される前の夕方、町内会の寄り合いがあったというのだ。

田舎で寄り合いといえば酒が出るのが世の常で、当然警察では遺体から血液を採取しているはずで、後日その数値が明らかになれば「酒によって正常な運転ができない虞のある状態」であったことが裏付けられると想定。〝免責〟となることも止む無しと考えていたが、結果は〝軽度酩酊〟に該当する血液一㎖中〇・九一㎎であったことが判明。（免責にするには微妙な数値。当時の保険約款ではこれ以上ダメという明確な基準はなく「飲酒により運転に支障があった場合」となっていたため、酒に強い弱いがあるように、果たして免責に該当するか微妙なところだった。）

実際にはもっと高い数値ではなかったのかと疑問を感じ、なんとか当日会合の開かれた旅館を探し当てて訪ねると、当然のことながら本人の飲んだ量までは分からないものの、十数人で一升瓶三本分に相当する日本酒他ビール大瓶数十本等が出されていたことがわかった。その後三々五々数名のグループずつに分かれて車に乗って帰っていったとのことで、そのことから本人の自宅を中心に道路沿いにあるスナック・居酒屋・焼肉店等々店という店を片っ端から訪ねたところ、亀寿司（仮称）という処で寿司などを食べたことが判明。

二人で来てビール中瓶を一～二本飲んで三〇分足らずで帰ったとのこと。そのため、それからまた、どこかへ行って飲んでいる可能性が高いと思いカラオケを含むスナックを検索した結果「サンパウロ」というスナックにヒット。

客を装ってボトルを一本入れ、ホステスの話を聞くことにした。するとなんと、店に入ってきた時にはかなり上機嫌であったという。その後ビール中瓶を二～三本空け、十八番《おはこ》の「山と河」他を歌い帰ったが車で帰ったかどうかまでは分からないとのことであった。翌日あらためて店を訪ね、シラフの状態で「昨日こういう話だったよね」として、宿泊先で作った「陳述書」に源氏名ではない（当然！）本名での署名を入手。

顧問である法医学の医師に本人当日の飲酒量を時間推移に基づいて逆算してもらったところ、血中アルコール濃度は明らかに免責となる〝心神喪失〟、いわゆる〝泥酔〟の状態とまではいかなくとも、一・〇三～一・一一㎎／㎖と推定され、中程度酩酊までランクアップ。こうなると明らかに約款に抵触する。

時間の経過とともに減少していた発見時のアルコール濃度を、実際に飲んだ量に基づき事故発生時点のものに修正してより実態に近い数値が出てきたもので、泥酔状態ではないにしても「酒に酔って正常な運転ができなかった」ことは明らかという理由で保険会社より免責の通知がなされた。

その後、遺族より訴訟が起こされたが、被告（保険会社側）弁護士が私の調査結果を証拠として提出した結果「保険調査員の調査内容を覆すに足りる証拠はない……」として全面勝訴に至ったもの。その後遺族側からの控訴はされなかったと聞いている。

このように、事故に至る経緯を一つひとつ追いかけ、その裏づけを書面に残していけば、遺族や本人（？）からも決して恨まれることなく、保険会社の下した最終結論に納得していただけるものである。

以上

11　夫の浮気に自らの身を焼いて抗議した女！

Ａ保険会社に傷害保険金五〇〇〇万の請求が出されたのは今から三年前の冬であった。

自宅玄関先で石油ストーブに給油しようとした奥さんに玄関先で飼っていた大型犬がじゃれ付いてきてストーブを倒してしまい、流れ出た灯油と着衣にまで飛び散った灯油にたまたま手に持っていた点火棒（高性能火付け器）の火が引火し瞬く間に全身火だるまになったという。

報告内容に疑問があるので早速調査して欲しいとの依頼を受け、被保険者宅を訪れたところ、そこには五〇歳の夫が一人ソファに腰かけており、硬直した面持ちで当時の状況を説明し始めた。「当日妻は、ストーブの灯油がなくなったため、玄関先に運んでポリタンクからポンプで給油をしていました。ところが、玄関先に繋いでいる大型犬が抱きついてきたりし、かなりの興奮状態になってきたので手に持っていた点火棒のボタンを押して炎を見せたりして追い払おうとしたが、ますます興奮して暴れ出し、灯油のポリタンクを押し倒してしまったんです」とのことであった。

ここまでならありがちな話だが、驚くのはここからあとの説明であった。「実はその時に灯油を浴びてしまい、着ていたパジャマに運悪く点火棒の火が移りあっという間に全身火だるまになってしまい手のつけようがありませんでした」という。

慌てて消そうとしたが火勢が強く近づけなかったらしく、奥の部屋から持ち出した座布団や台所から運んできた水などで消そうとしているうちに近所の人の通報で駆けつけた消防隊が入ってきてやっと消すことができ、一緒に駆けつけた救急隊により応急処置が施された後救命救急センターに運ばれたものの、全身のケロイドがひどく、絶命は時間の問題と告げられたとのことであった。

その後、奇跡的に一命は取り留めたものの、重篤であることに変わりはなく、たとえ将来軽快したとしても自分の身の回りの始末ができなくなる、いわゆる〝生涯自用を弁ずることができない〟状態に陥ることが想定された。

もしそうなれば、後遺障害保険金は死亡と同じ一〇〇％認定となる訳で、良くても車椅子での生活を余儀なくされると宣告されていた。

実際、この奥さんには、ご主人を契約者とする家族傷害保険が付保されており、普通こうしたケースでは同居の親族である配偶者も当然支払い対象、すなわち被保険者となるケースではあるが、故意やケンカ闘争・心神喪失状態などで起きたものであれば〝免責〟となるため、ポリタンクやストーブを転倒させた段階で本当に偶然点火棒を点火させてしまったのか否か、つまり、〝事故性〟に焦点を絞って調査することとなった。

この為、まず現場を確認したところ、確かに焼け残ったストーブは確認できたものの、給油に使ったポリタンクやポンプなども焼け焦げたパジャマと共に廃棄してしまったとのことで確認することはできず、唯一問題となっている大型犬を紹介（？）してもらうも、そんなに激しく暴れたとは思えないようなどこにでもいそうな太めの中型犬といった印象を持つに至った。

問題の点火棒を見せてもらったところ、実際にその時のものとの説明ではあるが、何故か焼け跡もなく全くきれいな状態で、玄関の上がり口全体に火が廻ったというのにどうして点火棒だけが焼けることなく無傷で残っているのか疑問をいだきつつ、初動調査を終えた。

翌日は所轄の消防署を訪ねるが、事故原因については口を閉ざしており、警察も同様かと思い、運び込まれたN大学医学部救命救急センターでの調査を優先させることにした。

当日担当した医師は所属替えとなり不在とのことで、後任のドクターに搬入時の様子を尋ねるも明確な回答が得られなかったため、帰り際に近くに居合わせた看護師にそれとなく尋ねたところ「ああ、あの自殺企図の方の件ですか？」と思いもよらぬ言葉が返ってきた。やっぱりそうだったのかと再度ドクターに切り込んだところ、なんとかカルテを見ながら搬入経緯と受傷機転等の詳細を聞き出すことができた。当然調査同意書を提示してあるので、確認内容は大きな証拠となるはずだが、念のためあらためてご主人を訪ね当日の経緯を再確認することとした。

その結果「ちょっとしたことで逆上され何とかその場を取り繕おうとしたが激情型なので手のつけようがなかった。決して私が灯油をかけたのではない」として奥さんが自らの手で発作的に焼身自殺を図ったことを認めた。

看護師や医師より「ご主人の浮気を知った奥さんが、抗議のためご主人の目前で灯油をかぶり自ら点火棒で火をつけた」と証言したことを近所の噂話から得た情報の如く誘導した結果であるが、正直な説明をしないと自らに殺人未遂の疑いがかけられると悟ったらしく、ちょっとした火遊びが取り返しの付かない結果を招いたことを素直に認め、保険金の請求は取り下げることで一件落着となった。

こうしたケースでは、後々訴訟にでもなった場合「自分の説明は調査員の誘導によるもので何ら根拠のないもの」と言われる可能性もあり、裏づけを取りながら証言を得て行くことの大切さを痛感した事件であった。

以上

12　溺死は事故？　病気？

最近、中高年が浴槽内やプールで突然死するケースが目立っている。入浴時にこうしたことが多い時間帯は朝五時～六時頃、スポーツクラブやホテルのプールでは休日の午後でしかも屋外で発生することが多い。

昨年一〇月沖縄のホテルで起きた事件は、ホテル裏のプライベートビーチで泳いでいた東京の医師が突然仰向けに浮かび上がってきたというものであった。

水深も一五〇㎝程度のところで、家族と休暇を過ごすため沖縄入りしチェックインから三時間もたたない午後三時頃発生した。

事故か否かの確認のため、M保険会社からの依頼で現地を確認してまず驚いた。現場は外海とはつながってはいるものの、深いところには入れないようロープで遮断されたプライベートビーチで、波も穏やかで水温も決して冷たいものではなかった。

調査に入ったのは一一月とはいえ、さすが沖縄らしくきれいな白い砂浜にはいくつものパラソルが広がっていた。事件が起きたのは一〇月後半であったが、まだまだ十分に水泳が楽しめる気候で、客室はほぼ満室だったという。ホテル一階からは海外リゾートを思わせるビーチ風景が広がり、万一に備えてレスキューの待機場・監視塔なども完備していた。

こうした万全の環境下でも水の事故（世間でいう〝事故〟）は起きるもので、その多くは過度の飲酒か飲酒量は少なくても強行スケジュールや睡眠不足などによる過労が重なった、いわゆる複合要因的に発生する。

損保の世界では、水死（溺死）というのは本来、誤って水中に転落した場合などで急激に体温が下がり心臓麻痺を起こす〝事故〟型を指すが、高血圧・糖尿病等の持病に飲酒や疲労が引き金となって起きる〝疾病〟先行型と区別する必要がある。

周知の通り、損保では後者は対象としておらず、生命保険の災害特約部分も免責となることから、発生形態だけみて〝水死〟や〝溺水（溺死）〟と死亡診断書に書かれると、遺族は当然〝事故死〟と受け止めるわけで、これがあとあと大きなトラブルに発展することが多い。

また、警察としても事件性がなければ「原因不明の事故として捜査は終わっている」とコメントするため遺族側はますます事故と主張してくることになる。

調査員ですら、このような警察の見解や救急隊・医師から「救命処置をした事実はあるが心肺停止になった原因が何かまではわからない」とコメントされると、保険会社としての判断にも支障がでることとなる。

したがって、調査にあたってはしっかりとした裏付けが求められ、吐水有無とその量、さらにはその態様が重要なポイントとなる。これは、〝生活反応〟などをみるもので、意識喪失や心肺停止が先行していなかったか否か見極めるキー情報となり〝事故〟の定義である急激・外来・偶然のうちの外来か否かを判定する根拠となる。

つまり、大量に水を吐いていたり、解剖やCTなどで肺内に一定量以上の水が確認されれば、生きていて水を飲み込んだことになり、急激・外来だったことの証となる。

あとは、自分で飛び込んだり（＝故意）していなければ、残る偶然性も肯定され、そこで初めて〝事故〟或いは生保でいう〝災害〟として認定されることになる。

今回は「姿が見えなくなったと思ったら、浮き輪につかまって泳いでいた子供の目の前に突然仰向けで浮かんできた」という証言も得られ、事故性にはかなり疑問があったため、実際に海中に入り現場付近を泳いだり立ったりしてみながら足元の様子や深さ・水温等を検証してみたが、心臓麻痺や深みにはまって溺れるところとは思えなかった。

最終的な決め手は、ビーチの監視員数名から得られた証言で、それによると人が浮いているのに気づき、すぐに駆けつけて引き揚げ人工呼吸等を施したが、吐いた水の量はコップ一杯程度しかなかったというものであった。

事実なら、何らかの急性疾患に起因する意識喪失が起きていたことになり、さらに「引き揚げた時かなりお酒の臭いがしていました」という証言も得られたことで、酒気を帯びて水泳を楽しんでいるときに何らかの内的要因が急性疾患を引き起こし、その結果死亡に至ったものと推定された。

さらに、解剖所見に代わるものとしてＣＴを入手し〝画像診断専門医〟による所見も取り付けた。これによれば「血液データや画像を見る限り、心肺内に溺水はほとんど認められず、いわゆる水死とするには無理がある」と所見された。

ご遺族には忍びない結果となったものの、こうした明確な根拠を示すことで、契約者側と保険会社間の要らぬ争いを未然にふせぎ、本来の健全な関係が永続してゆくことを願ってやまない。

冒頭、浴槽内での死亡事故も増えていることに触れたが、ほとんどの場合、浴槽に沈んでいたとか浮いていたとかいうだけで、死亡診断書上〝溺水（溺死）〟と表示されることから、遺族側は一様に〝事故〟として保険金がでると思い込んでしまう。

しかし、実際はこうした地道な確認作業を経て初めて事故か否かが判断されている訳で、保険会社と医師会等との更なるすり合わせが必要となろう。……我々リサーチの出番がなくならない程度に。

以上

13 自殺か事故か？ 遺体は語る……射撃場の片隅から

X保険会社に「射撃場で猟銃が暴発して死亡した」として傷害保険金一億の請求が出された。他社分も合わせ五億以上になる大型事案であった。ご多分に漏れず、〝自殺〟の可能性を探るため所轄を訪れたところ「事件性がないと判断し捜査は終了している」とのことで、事故か自殺かについても不明のまま一件落着していた。高額な保険金額について触れると、顔色一つ変えないものの、把握していた数字とかなり開きがあることに気づいたのか、逆に色々と質問されるはめに。

保険金に絡む殺人だ詐欺だといった記事が蔓延する昨今、警察から保険会社宛〝保険契約のご照会〟といった照会状が廻ることが多いが、こうしたきっかけのほとんどは保険調査員からもたらされるもので、逆に言えば警察と保険会社とは一部を除いて直接的な情報交流がないことに他ならない。

他社分に含まれる生保契約そのものは長期にわたるものだったが、損保に関しては半年から一年位の間の新規契約ばかりであり、その理由を明らかにしておく必要があった。

　警察は事件性がないと動かないと言われるが、担当官によっては真剣に耳を傾け保険契約の経緯や時期などをメモし、直接手を下されていなくても間接的に死に追い込まれた事実がないかどうかなど殺人とは異なる観点から真相を見極めようとするベテランも少なからず存在する。

　把握していた保険金額よりはるかに多いことを知った担当官は「事件性はないと思うが、自殺の可能性は否定しがたいもので、一年くらい前に豪邸を建ててからちょっと苦しくなっていったみたい。銃の扱いに慣れた人のすることではないなあ」と、事故とも自殺とも取れるコメント。

　亡くなった被保険者は不動産管理会社を経営しており、調べてみると所有する数棟のマンションには最大限の根抵当権が付されており、家賃収入とのバランスを考えるとほとんど破綻状態と言っても過言ではなかった。

「初心者ならいざ知らず、二五年以上経験のあるベテランハンターが一瞬たりとも銃口を人や自分の方に向けることなど考えられないことで、本来意識しなくともそうしたことが身についているもの」とカモ撃ちが趣味の元上司のコメントを思い出した。

　厳格な所持・保管基準がある中で、まして所持許可証のみならず狩猟許可証をもつということは、より実践的なリスクを叩き込まれているはず。「狩猟の際に獲物と誤認したり、担いでいた銃が枝にぶつかったりして仲間に当たったという事例は時々あるが、自分に当たるというのはちょっと考えにくい」とのことであり、鑑識でもメカ的な異常はないと結論付けていることから〝事故〟の可能性は少ないとだれもがそう思える段階であった。あとは発生状況と照らして何が一番合理的な説明につながるか検証するしかない。

遺体の第一発見者は射撃場の若い女性従業員であった。クローズ時間の一七時になったが一人まだ戻ってこない客がいることに気づき呼びに出たところ、事務所裏側にあるスキート射撃場の一角で倒れているのを発見。近寄ったところ一目で即死とわかる状態だったことから急ぎ一一〇番通報したもの。

臨場した機動捜査隊も、当初は、客同士のトラブルか従業員など猟銃に触れることが出来る者による殺人を想定したらしく、当日出入した全員に事情聴取したという。しかし、事件性を窺わせるものには至らなかったとして、残る〝自殺〟か〝事故〟かについても断定できないまま捜査終了となっていた。

残された解明手段は遺体と現場の様子を確認して論理的に検証してゆくしかない。しかし、ここは日本。銃器事故に関する資料も乏しくましてや本件のような猟銃事故に関する例示資料は皆無に等しい。やむなくＨＰやアメリカの知人などに照会しつつ刑事課を再訪し直後に撮影された現場写真を頭に叩き込んで忘れないうちにスケッチに起こした。遺体は左腕を横に伸ばし、同じく左膝を直角に曲げた仰向け状態でコンクリート床に横たわり、伸びた左腕のさらに三〇cm位先で銃の先を頭部方向にし引き金が内側（腕の側）の状態で転がっていた。

猟銃自殺したという田宮二郎氏のケースでは、本人が銃口に覆い被さったことを裏付ける銃口炸裂（銃口の先が膨らんで裂けてしまう）が認められたとのことであるが、こうした炸裂や先部膨張が残るのは身体に銃口を密着させた場合であり、銃身の長さにもよるが、手指で引き金を引けない場合、裸足になって足の親指で引き金を押したりして思いを遂げようとするらしい。

猟では銃口に物が詰まることを一番警戒するらしく、雪深いところで銃口に雪が詰まった状態で発射しても必ず銃口炸裂は起きるという。

ところが今回は銃口にはそうした痕跡はなかったため、銃を密着させた可能性は極めて低いと判断し、（故意の可能性が）あるとすれば実際にあご近くにかざして引き金を引いたことになり、実際それが可能かどうか検証してみることにした。

アメリカではないのでこうした検証をするのは大変である。まず実際に使われた銃器と同じモデルガン探しから始めた。新宿のショップに同型のレミントンの上下二連銃があるのを見つけ早速買いに走った。半透明のビニール袋に入れてもらっての帰路、交番の前を通った時妙に緊張したのを覚えている。

次に、実際にこの銃を販売した銃砲店を訪れ、同型の銃をガラスケースから出してもらいスケールを当てた状態で写真撮影した。ついでに全てバラバラに分解してもらい一つ一つの部品の名称や役目を確認し、どこを触るとどこがどう動くかをビデオに収録。また、使われたのと同型の銃弾の実弾も計測・撮影し弾の特性に関しレクチャーを受けた。

幸い私が保険会社にいた時の尊敬する上司がカモ撃ちが趣味という方で、事前に何をチェックすべきかかなり専門的な点までレクチャーを受けていたので大体頭の中は整理が付いていたのだが、いざ目の前で部品がバラバラとなりかなりのスピードで組み立てが進んでいくと戸惑うばかりであった。

あとは、警察で垣間見た遺体状況をスケッチに起こし、傍らに転がっていたライフルと照らし、どうしたらこういう状況になるかモデルガンを使って自分なりに色々試してみたが自殺を裏付ける決定的な要素にはたどりつかなかった。

遺体はあごから上がほとんど吹き飛んでいる状況で、あごに押し当てたのだとすれば銃口炸裂があるはずでこの点警察刑事課に確認すると実物は生活安全課が保管しているというのでそちらに出向くと、銃器は間違いなく正規に申請されたものであるが申請者が死亡した以上遺族に返還することもできず、了承のみ得て既に廃棄済みとのことで現物を確認することはできなかった。しかし、そうした炸裂がなかったことは間違いないとのことで、少なくとも首やあごに強く押し当てた事実がないことは確信できた。

　では床に置いてあごから少し離して引き金を引けるか色々試してみたところ、腕を目一杯伸ばせば何とかなることが分かった。しかし、こうした場合遺体とライフルが折り重なるようになるか或いはお互い反対の対称位置に倒れるか或いはそれに近い状態になると思われ、本件の様に横向きに倒れたその腕の三〇㎝ほど先に平行してライフルが横たわるにはどうしたらそうなるのか色々検証を重ねた。

　猟銃というのは引き金を引いてはじめて弾が出るというのが一般常識かと思うが、鉄砲店では「コンクリートの床などに勢い良く銃座をぶつけると、それだけで発射されることがある」と言っていたことを思い出し、モデルガンとはいえどメカニズムはほとんど同じに出来ているためそれを事務所の床にドンと落としてみた。そうしたところなんとバチンと音がして引き金が作動してしまった。実際に装塡していたＢＢ弾(プラスチックの粒弾)が発射され、ブローバックといわれる薬きょう排出までできてしまった。これには驚いた。いくらモデルガンとはいえ顔を銃口に近づけていたら危ないところだった。

　実際に起きた現場は屋外射撃場のスキートコースといって、数十ｍ先にセットされた厚紙の標的を撃ち抜く射撃台になっているところで、まさしく床はコンクリート製。銃を立てかける銃立てが普通あるはずだがなぜかそれがなく、弾を込めるためのテーブルが一つ置かれているだけだった。通常そのテーブルの上で銃を横に置いて弾倉蓋を開けて弾を込めることになる。

こうしてあとは、射撃場に着いてからの一連の行動を聞き込んで行くうちに、実はこの現場から一段高くなったところにあるクレー射撃場で二時間位撃ちまくったあとで、あたかも残っている弾を全部使い切るかの如くスキート射撃場で標的の準備をしていたフシがあり、銃身はかなり焼けた状態で弾は一発装塡されたまま持ち歩いていた可能性が確認された。

クレーでは一度に三発装塡して二発ずつドン・ドンと飛び出した皿を狙って撃つ訳だが、こうすると最後に一発残ってしまうので必ずこれを撃つなり取り出してから移動することが求められる。ベテランといえど二時間も撃ちまくると頭がボーッとしてくるという。

銃砲店の証言では、一週間程前に銃が調子が悪いというので見たらメカ部分に泥が詰まっておりピンも折れていたため全て分解清掃してピンも交換したばかりだという。しかし、かなり年代ものの銃のため銃身そのものが疲労しておりそこに二時間撃ちまくったとくれば弾詰まりを起こしても不思議ではないという。

こうしたことから、心身ともに疲労した帰り際、何らかの錯覚を起こして弾詰まりを起こしたままの銃を覗く際に本来あるべき銃立てがなかったために直接コンクリート床に銃座をぶつけてしまったため衝撃で発射されたのではないかと推測した。勿論そうなれば事故となる訳だが、目撃者もいないクローズ間際の出来事で真相は定かではない。

ただいえることは、たとえそれが事故態様だったとしても通常以上に注意力が求められるベテラン故、こうした行為は自殺とまではいえなくても自殺行為と言われてもやむを得ない状況で発生したということで、最終的に保険会社から六〇％を支払うことが提案され円満に解決した。

以上

14 「私にとっての事件簿」

今回は事件簿といってもちょっと風変わりな内容、つまり私にとっての事件簿となってしまったのでご容赦いただきたい。古い話になるが、まだ損保マンだった頃の思い出話である。

沖縄がまだ右側通行だった昭和五一年、東京損害査定部から沖縄支店査定課に転勤となった私は、引継ぎのため二日で一〇〇件近いファイルに目を通して驚いた。殆ど英語で書いてあるのだ。

外資系だし沖縄の契約はアメリカ軍関係者が大半とは聞いていたが、これほど見事なまでに英語で埋め尽くされていようとは。社宅にあてられたアパートも修理工場の二階で、Army（陸軍）基地の正面横に位置し昨今話題になっている普天間基地（Marine 海兵隊）が裏にある最高（?）のロケーションにあった。

余談だが、干した洗濯物を取り込もうと屋上に上がると、跡形も無く消え失せていたことがある。いくら何でも泥棒のはずもないし、誰か間違って持って行ったのかと思っていた。犯人は翌日判明した。Marineの大型ヘリであった。これが、屋上スレスレに降下してくるのだからたまったものではない。早速洗濯バサミでとめるのを止め、襟首などの穴にロープを通す〝完全武装〟に改め、これ以降〝敵〟に負けない様になった。

当時交通事故に遭うと、現場から一報を入れて来る人が多かった。まず保険会社ありきである。次に警察に電話をする。信じられないが本当の話である。つまりアメリカ文化の影響の大きい土地柄、保険会社の査定社員に対する捉え方も違う様で、英語ではClaims Adjusterと言われ、アメリカ人からは弁護士並みに見られることも多かった。

今でこそ〝示談交渉付き〟保険は当たり前となったが、当時は外資系だけに認められた特権であった。日本の会社でいうアジャスターというのは技術アジャスター、つまり自動車の損害を査定する立場で使われているが、本来は保険調査員の意味である。

ちょうどこの頃、アメリカからのＴＶ番組で、保険調査員の物語がヒットしていた。

保険金詐欺が疑われる人物を尾行するのに車のセンターコンソールから八㎜カメラ（古い話で恐縮です）がせりあがって来たり、ピストルを持って潜入調査するシーンなどがあった。

外資系の保険会社ならこうした仕事に就ける可能性もあるのでは……と幻想を抱き、元々興味ある車に関わる事の多い損害査定部に志願した。

こうして念願叶い、本国ではないものの、アメリカナイズされた沖縄で、プライドを持って仕事にあたることが出来た。

事故報告書なども「記入しに来てください」と言えば殆どがそうしてくれた。ベトナム戦争が終わってまだ数年しか経っていない頃だが、さらに遡ること昭和四〇年代の週末は、どこの保険会社も軍人の列が出来たという。

週末がPay Day（給料日）だった彼らにとって、その使途の中でプライオリティの高いのは、キチンと（日本で有効な）保険に入ることであった。だから、週給が出る度に、今でいう分割保険料の支払いやＣＡＬＩ（Compulsory Automobile Liability Insurance：強制保険、自賠責保険）の契約のため、何より真っ先に保険会社に駆け付けた。

こうして残ったお金は、バーやディスコなどで使い果たしてしまうのが若い兵士の平均的なパターンであった。

いつ死んでもおかしくない海兵隊（最初に敵地に乗り込むのが任務）では、そうした風潮が特に強く、残った金は一晩で酒や女に消えてしまう。鍛え抜かれた連中とは言え、戦地に赴く恐怖心は相当なものだったに違いない。

また、たとえ全部使い切ってしまっても衣食住は心配ないから、そうしたことも出来たのかもしれない。

こうして、酒を飲んではぶつけたこすったといった事故をやる。とにかく飲酒下の自動車事故が多かった。

いまでこそＭＰ（Military Police：憲兵隊）が厳重な取り締まりや指導を行っているからキチンとしているものの、当時はこうした実態であった。

一度、現場から通報があったので、過失相殺の協定などに役立つと思い会社のDATSUN Violet（サービスカー）で一〇分程かかる現場に向かったことがある。契約者は黒人兵で、被害者は沖縄の中年男性。どうやら信号待ちの車に気付くのが遅れ追突してしまったらしい。現場は交通量の多い国道で、被害者⇓加害者⇓ＭＰのパトカーという順に止まっていた。

社名の入ったサービスカーを堂々とMPパトカーの後ろに停めたが文句一つ言われない。そうこうしているうちに沖縄県警のパトカーが到着、私の車の後ろに停車した。

兵隊の絡む事故では、MPの方が早いというのは常識であった。私がポラロイドで二台の車の損傷状況を撮り始めた頃、県警もチョークマークなどを始めた。東京などでは、交通の妨げを少しでも軽減すべくまず車両の移動を行うが、沖縄ではアメリカ的に、現況が維持されることが多かった。

この時の写真は良い思い出になった。停止している車の順番を見ると今でも懐かしさがこみ上げてくる。

当時米軍基地内に入るのは保険会社のＩＤカードさえあればどこでもフリーパスであった。ちょっと大きな交通事故で裁判になったりしているケースでもMPの事務所に行けば実況見分調書をコピーしてくれた。必ずアルコールの測定値が入っているがこれも何の苦労もなく入手できた。

そうこうしているうちにグアムが台風に襲われ、上司である査定課長Ｓ氏が出張することになった。一人でなんとか切り盛りしなければ……と、私にとっては〝事件〟

であった。英会話もあまり上手ではなかったため、翌日来社予定の事案に関しアメリカ人にどう説明したら良いか過去のファイルや英文約款の対象箇所を丸暗記して備えた。聞き取れなかったり相手に通じない部分は事務所の女性社員が助けてくれた。

特に多かったのは車両の盗難だった。軍関係者の車は税金の関係で日本人に求めるものと書類の種類が異なり、Yナンバー（駐留米軍関係者の私用車）やEナンバー（軍関係者だが、非課税車両）などがある。

そうこうしているうちに大阪損害査定部へ転勤が決まった。最初、沖縄の調子でプライド満々にやっていたらとんでもないことになった。被害者等に電話するなり「コラッー！　保険屋、何をゴチャゴチャ抜かしてんネン。はよう出てコンカイ！　アホンダラ！」と怒鳴られっぱなしであった。大阪での事件の始まりである。

タクシー会社グルミの保険金詐欺・放火・ゲーム機の偽装盗難・偽診断書や休業損害証明書による保険金詐取・右翼・事件屋・示談屋の類が跋扈していた。

おかげで、提灯がズラッと並んだ暴力団事務所などは年に二〜三回ご縁が出来た。まだ、暴対法もなく、会社から注意されたのは「マル暴関係者の所に行く時は、最寄の交番に事情を話し、示談交渉がこじれた場合に備えよ……」といった程度のものだった。

後輩で、柔道の強化選手が一人いたが、彼の様な猛者ですら、真剣勝負の示談が終わった後は、駅のホームからモドシタ（ゲロッた）なんていう話が居酒屋で酒の肴となっていた。

示談交渉中にコーヒーをかけられたり、アタッシュケースを蹴られたり、つばをかけられたり、車の協定に行った時板金用のバールで追っかけ廻されたり、会社にパトカーが来たり、まあ、当時（昭和五五年から六〇年頃）大阪で査定に携わっていた仲間は皆一様にこうした経験をしている。

この仲間が今は、各地で査定課長だ部長だと活躍していることを誇りに思うと同時に、私にとって一番事件の多かった時代であった。

今、若き保険マン・ウーマンは過激な競争の中で、営業に査定サービスに奔走し、めまぐるしく変化を続ける組織や商品の中、生き残りをかけて懸命な努力をされていると思うが「二〇～二五年前は、こんな時代もあったんだなあ」と、何かの参考になれば幸いである。

以上

15　海外旅行に絡む偽装盗難のケース

今までに取り扱った海外旅行保険に絡む事件、特に、保険金詐欺の手口をご紹介する。

最も多いのが購入していないものを「盗まれた」として申告してくるケース。

例えば、ロレックスを現地で購入したことにして、ツアーの最中にレンタカーやバスの座席などから盗まれたとして請求してくるもの。

四年前にあったのは、長谷川景子（仮名）なる契約者がハワイで友人とレンタカーで観光中、観光スポットを見て車に戻ったところ、トランクに入れてあったはずのルイヴィトンのボストンバッグが無くなっていたというもの。

そのバッグの中には、更に二つのバッグが入っており、グッチのバッグやフェンディの財布の他、一〇万円相当のカメラやお土産として買ったロレックス時計、シャネルの口紅などが全て盗まれたという。

こうした場合、保険金請求書を出すと、まず最初にレシートの提出が求められる。購入の事実とその金額確認のためだ。

しかし、ご多分に漏れず「領収書もみなバッグに入れていたので提出することは出来ません」とのことで、やむなく明細書に品目・購入先・購入日や金額などを申告してもらい、店宛、手紙や電話で購入の有無を照会したりして不審な点が無ければ無事支払いして一件落着となる。

ところが、何点か調べていくうちに、購入事実が確認されないものがでてきたとして、出番が廻ってきた。

外資系のH保険会社の女性担当者から「金額は小さいんですが、裏づけが取れないものが多く、この点説明しても、ただ『早く払え』とクレームしてくるばかりで埒が明かず、徹底して調査して欲しいんですが……」と正式に調査依頼が入った。

現地のリサーチを使うのも方法だが、「購入した事実が確認できなかった」と報告されるのがオチなので、本人との面談を中心に矛盾点を洗い出して欲しいとのご下命であった。

一週間ほどして契約者である長谷川氏と品川プリンスホテル二Fのマウナケアというティールームで会った。かなりの美人でしかもスタイルも良く、ちょっと派手目の服装が人目を引くほどであった。名刺を出し調査の趣旨を伝え少しずつ本題、つまり購入品目の確認と購入店や金額を確認していくことにした。

話し出して二～三分もしないうちに、物腰やしゃべり方の下品さから、「この女の正体見破ったり」と言いたくなるほどであった。タバコをふかしながら足を組み「盗られたのは事実なんだからそっちで勝手に調べたらいいんじゃない」と言い出した。その態度を見て、バックに良からぬ男が付いていることを直感。

保険会社とのやり取りを見ても「買ってもいない物を買った事にしてそれが盗られたからと言って携行品損害保険金を狙う典型的な手口では？」と予感した通りの、偽装盗難の様相を呈してきた。

通常、品目が多い場合は、金額の大きいものをアトランダム（とは言っても、実際は直感で閃めいたもの）にピックアップする形でポイントを絞るが、結局、購入事実が無かったり金額が著しく相違するものに関して、事実に相違するとして支払い拒否に持ち込むことが多い。しかし、今回は、こうしたパターンではなく、被保険者が墓穴を掘る形でcloseとなった。

男の存在は二日後に事実となった。携帯電話に突然彼女の男とおぼしき人物から連絡が入った。「オマエ、カノジョノナニ？　シゴトキイテ、ケイタイノバンゴウキイテ、ナンノツモリネ。ホケンカイシャニイウヨ。ソレ、オマエコマルネ！　モタモタシナイデハヤクハラエ‼　バカヤロウ‼」と。

こうした場合、電話口で説明しても埒が明かないから、兎に角この男を引っ張り出すのが一番で、なだめすかしてもう一度ティールームで会うことになった。日本語の巧みな黒人であった。

男が言いたかったのは、「調査の振りをして自分の女のことを根掘り葉掘り聞いて、結局は口説こうとした……？」というような事であった。女が、質問された内容を殊更誇張して、窮地から抜け出すべく男に救いを求めた結果であろう。

こちらは、「一緒だったという〝友達〟に証言していただけないか？　有力な経緯説明になる可能性があるし、レシートも一緒に盗られて、どこで買ったかもはっきり思い出せない様なら、ちょっと、プライベートなことをお尋ねするしかないもので、その点ご協力いただきたい」旨説得したことが、二人にとっては絶好の口実を与えてしまったようだ。

こちらは、単に素性確認すべく、仕事や連絡先を尋ねたつもりが、「私は六本木のクラブに勤めているので、昼間自宅に電話してもらっても連絡がつきにくかったかもしれませんね。保険金が出たらご招待します」というので、できる限り警戒心を解くつもりで、話を合わせながら今後の連絡用に携帯の番号などを聞き出した。
ところが、どこでどうなったのか、これを逆手に取って、脅迫まがいの請求手段をとってきたのだった。

日本語の流暢さからみて、相当長く日本に住んでいる男と思われ、切り込んでくるポイントはその筋のやり口だった。いかつい顔に一九〇cmはあろうかというゴツイ体格に圧倒されながらも、予想通りの展開になってきたので、「本件に関しては、物品購入の事実が認められず、代わりに盗難経緯等の詳細陳述を得ようとするも、質問内容に対し難癖をつける手法で支払いを強要してきている」という要旨で最終報告。
結局、保険会社から査定部長名で支払い不能通知を出したところ、その後何も言ってくることはなかったという。

ところが、六ヶ月ほどして他の保険会社から「グアム旅行中に携行品一〇〇万ほどが盗難にあったというOLさんの件で、レシートも一緒に盗られたとして裏づけが取れないので念のため面談して事情を聞いて」と依頼が入った。

契約者（被保険者）名を聞いて驚いた。またあの女か……と直ぐにピーンときたものの、こちらの社名などを名乗って面談を申し込んではマズイと思い、保険会社からアポを取ってもらい、そこに同席することにした。

場所は六本木にあるANAホテルのティールーム。着いて驚いたのは相手の方だった。そこには大柄の黒人と、見るからにハデな女が……。二人と目があった途端、女の方が男の腕をちょっと押すような素振りをしたと思ったら、サッと立ち上がり「ちょっと急用が出来たので……。また連絡します」と言うや否や、大きめのハンドバッグを抱えるようにして足早に遠ざかって行った。

仕方なく、「とりあえずお茶でも飲みましょうか」と、保険会社の若い社員を誘った。「あいつですよ。半年ほど前、H保険会社にも同じような手口で一〇〇万近く請求してきたのは……」結局、その後連絡が取れなくなり、実質的に〝請求取り下げ〟となった。

どうしてこういうことがまかり通るかというと、現地の警察は「盗難にあった」と申告さえすれば簡単に受理し、〝Police Certificate……Stolen（警察証明書……盗難）〟という公的証明書が発行されてしまうからで、どこかで味をしめて、〝ブランド品を買った〟事にして（本当に買って、それはそれで無傷で日本に持ち帰る者も多い）それが〝盗難〟にあったとして携行品損害保険金を請求してくる訳である。

しかし、通常は、保険会社もしっかり自衛策をとっている。〝他社照会〟である。あまり詳しくは書けないが、「こういう請求があがってきましたが、貴社にも請求或いは同種保険の契約がありますか」という内容である。

大概はこうした〝水際作戦〟が功を奏するのだが、本件の様に大胆に同様の手口を繰り返すと間違いなく〝お縄頂戴〟となる。

十分な調査をすることなく、安易な支払いをすることはいくら営業努力・経営努力をしてもその足を引っ張ることになる。モラル事案に対する毅然とした姿勢が経営の一助となれば幸いである。

以上

16　飲んで泳ぐと何故危険なのか？

事件簿12で、沖縄での一見〝水死〟事件が実は〝病死〟だったという例を保険代理店用メールマガジンでとりあげたところ、もっと色々の事例を知りたいという要望をいただいた事がある。

今回はもう一歩掘り下げて保険契約上の事故あるいは災害と認められる「水死」（＝溺死・溺水）の中でも、夏場等に多いと言われる「飲酒」との関わりにふれてみることにした。

特に目立つのが、夏休みに家族や仲間と出かけ、河原や海岸でバーベキューを楽しんでいる時、気が大きくなって大胆な泳ぎ方をする場合である。

いつも行かないような深い方まで行ったり、いつまでも水の中で騒いでいたり、ひと泳ぎしては上がってきてビールで喉を潤しまた水に入ったりするケースである。

こうして万が一水中で死亡したとしても、自動車運転中の事故などとは異なり、血中アルコール濃度が測られることは稀である。したがって、これが保険業界でいうところの「水死」なのか或いは飲酒に起因する急性疾患なのか区別することは極めて難しい作業となる。

平成二〇年は、遊泳中に八二九人が亡くなっている。このうち二〇%が飲酒によるものと言われているが、水泳をするしないに拘わらず、飲酒後水中に入ること自体が極めて危険な行為で、自殺行為と言われても仕方ない程リスキーなことである。

では、何故飲酒をしてから水泳をすると危険なのか……。一般に、アルコールを飲むと血流が良くなり、血圧が下がることは良く知られている。つまり、血管が拡張し、ドキドキしたりすることで不整脈などを起こしやすい状態となる。

こうした時に水中に入ると、水の圧力により血管が縮小するため、これを感知した脳が、逆に血圧を上昇させようと命令を下す。この結果、血流のコントロールが出来なくなり、不整脈が顕著となりドキドキしたり、通常六〇~一〇〇程度の心拍数が倍位に跳ね上がり、最悪ショック状態に陥ることもある。即ち、急性心不全と言われるものである。

亡くなった方のレントゲン等を見ると、水をほとんど飲んでいないにも拘わらず、肺に肺水腫（肺うっ血）と呼ばれる所見が認められたりすることで、息切れしていたこと、すなわち肺の気腔に液体が染み出していたことがわかり、急性心不全による心肺停止に至った可能性を読み取ることが出来る。いわゆる典型的な「飲酒による水死」である。

飲酒後の入浴に際しても同様で、防衛医大の栗田教授によれば、どちらも三五〇mℓ缶ビール二本程度で危険な状態になると言われている。

平成二〇年の夏、北九州市小倉区で六〇歳の男性が自宅風呂場で亡くなった件も、缶ビール二本程度飲んで入浴した時に発生している。いつまでたっても上がってこないので奥さんが様子を見に行ったところ、額のあたりまで湯に沈み込んでいたことで、医師も死亡診断書上「溺水」のところに○を付けたという。

結果、遺族としては、当然のことのように「溺れたのだから事故だ、……災害だ」と思って保険請求してくる。

以前から問題提起している通り、現在使われている死亡診断書は、〝死因の種類〟欄をⅠ群として「病死及び自然死」（①病死及び自然死）、Ⅱ群として「不慮の外因死」（②交通事故③転倒・転落④溺水⑤煙、火災及び火焔による傷害⑥窒息⑦中毒⑧その他）、Ⅲ群として「その他及び不詳の外因死」（⑨自殺⑩他殺⑪その他及び不詳の外因）、Ⅳ群として「⑫不詳の死」のいずれかに○を付ける形式となっている。

その為、このような解剖をしていないケースでは、明らかな病死や自殺の痕跡がない以上、湯船に頭までつかり、その結果として多少なりとも水を吐き出したと聞けば遺族の申告通り「溺水」と判断して④に○を付けてしまうこともある。

或いは、「病死及び自然死」に○を付けようとしても、結局は病名を特定できないが故にやむを得ず④に○を付けることもあるという。キチンとCTやレントゲンを撮っていれば、脳疾患などではかなりの確率ではっきりするにも拘わらず……。

昨今、医師の立場も難しく、遺族が頑なに（行政）解剖を拒否すれば司法解剖（事件性のある死亡事案で強制力のあるもの）適用ケースとは異なり、それ以上推測で診断名を下す訳にもいかず、結果〝つぶしの利く〟「溺水」を選択せざるを得ないという一面もあるという。

こうして、事故（生保では災害）なのか病気なのか、あるいはその他自殺などではないか……と、兎に角死因を特定するため我々が動くことになる。

結局、本件の場合は、
①救急隊の証言及びレントゲン等により、殆ど水を飲んでいない事実が確認された。
（＝心肺停止後、顔が水中に沈んだということ）
②入浴前一時間の間に缶ビールを二本飲んでいたこと。
③浴槽に張られた湯の水位は五五cm程度で、居眠りしたとして水を飲むことは有り得ないし、仮に飲み込んだとしても健康体ならムセルなどして反射的に吐き出そうとするがそうした形跡が認められないこと。
④普段から血圧が高く、糖尿病の治療もしており、インスリン使用で低血糖発作の可能性もあり、さらに、過去に心臓の手術をした事もあり心筋梗塞等の急性疾患の可能性が高いこと。
⑤脳のCTで脳疾患は認められなかったこと。
⑥外傷は皆無であること。
等から、傷害保険の支払い要件である「急激・外来の偶然な事故」すなわち「溺死」ではなく、心不全等何らかの急性疾病が先行して心肺停止に陥り、それがたまたま水中で起こった、即ち「病死」の可能性が高いとして保険会社へ報告せざるを得なかったもの。当該傷害保険金三〇〇〇万は支払われることはなかったが、幸い生命保険会

社からは災害特約以外は全て支払われ、遺族の支えになっていると聞いた。

このように、風呂上がりのビールほど旨いものはないが、持病のある方にとっては順番が前後すると凶器となることがおわかりいただけたかと思う。入浴前や泳ぐ前の飲酒は命取りであることを肝に銘じておくべきである。

以上

17　地主の建物に保険をかけて全焼させた男

平成一八年の夏、C保険会社から火災保険に係る調査依頼が入った。既に火災鑑定人等による検証は終了しているが、出火原因と保険加入の経緯に不審な点が多いとのことで、被保険者の人物像・会社経営状態・被害品の購入・仕入れ状況等に関して調査を要する状態であった。

証券上、契約者は㈱新東京舞台デザイン（仮称）となっており、その事務所建物に三〇〇〇万、什器備品に一〇〇〇万、倉庫に保管されている舞台建設用資材一〇〇〇万という内容であった。

加入経緯は、平成一七年一二月にコールセンターに突然「保険に入りたい」と申し込みがあり、月払いでの契約となっていた。いわゆる〝飛び込み契約〟である。

早速、被保険者である社長のA氏に面談したところ、焼けた資材の在庫数量を裏付ける帳簿・決算書の類は全て焼失しており、「消防に届け出た罹災内訳を信用してもらうしかない」とのことであった。ところが、この罹災証明、A氏ではなく従業員であるB氏の署名捺印となっていたため、理由を尋ねると「現場の事は責任者であるB氏に全て任せてある」という。

仮にそうだとしても、通常は法人であれば代表者が署名捺印するもので、申告者区分欄には〝所有者〟の所に〇がつけられていた。即ち、焼失した什器備品や商品（資材）はB氏の所有ということになる訳で、「申告内容が事実と異なる場合、消防法で処罰されることがあります」という注意書きがあるにも拘わらず、こうした申告がされているあたり、A氏とはただならぬ関係が生じていると推定され、急いでA氏から事情を聞くことにした。

それに先立ち、警察や周辺での聞き込みの結果、このA氏、罹災する半年前位から行方不明となっていたらしく「ああ、あの夜逃げした社長ね」とも側聞される中、待ち合わせの場所になかなか現れないので携帯に連絡を入れると「ちょっと……、契約が長引いて、もう直ぐ着きます」と言って、結局四〇分ほど遅れて到着。話をしていても眼に落ちつきがなく、火災での深刻な話よりも、自分が信用するに足る人物だと言わんばかりに、やたらと有名人の名前や過去に手がけた大仕事の話ばかり。

車の話に至っては、「外に待たせてある」とのことで、運転手付きを匂わせながらベルサーチのスーツからスリムなシガーを取り出すあたり、過去にも似たようなシーンを見たような気がした。

結局、この日は調査同意書の取得に絞り、その後、事の真相を確かめるべく奔走した結果、この建物を巡って地主とトラブルになっていることが判明。資材倉庫兼事務所としての賃貸契約のはずが、いつの間にか地主に無断で転貸され、その借主が許可なく建物を増改築したことで、建物明渡し訴訟が起こされていたのだ。つまり、この〝無断転貸先〟というのが契約者となっていたのだ。

地主に確認したところ、地主を被保険者とする建物としてM海上火災に一〇〇〇万の火災保険が付けられており、臨時費用等を含め既に地主宛一四〇〇万程度支払われていた。つまり、一つの建物にA氏がC保険会社に、地主がM海上火災にそれぞれ別々の火災保険を付けていたことになる。

通常なら、謄本で建物の所有者を確認すれば済むのだが、A氏名義でも地主名義でも登記されていないため、固定資産税の納税状況を確認してみた。この結果、A氏が

「きちんと固定資産税を払っているから自分の物だ」と主張していたものが、実は元々あった地主のプレハブ小屋を改装したことで生じた事務所改装費、即ち建物付属設備に対しての課税分の事であり、地主の方がキチンと〝小屋〟に対する固定資産税を支払っていることが確認された。

しかし、これだけでは「A氏には被保険利益がなく、当該保険は他人の為の契約として無効」とするには無理があり、もっと決定的な〝物証〟を模索したところ、地主とのトラブルの中で裁判所から建物明渡しに関する仮処分決定通知書が出されており、結局それに従わなかったことから訴訟に発展し、最終的には和解調書迄作成されていることが判明。

和解内容は、①建物の所有権は地主にある。②速やかに明渡さない場合、当該賃貸契約を無効とする。③滞納家賃の代わりに、収容財産全てを地主が任意に処分できる（＝A氏は所有権を主張できなくなる）……等とあり、そう結論付けるに至った経緯書にはA氏がかなり計画的に〝こと〟を進めていた様子が読み取れた。

つまり、元々の賃借人は「㈱東京舞台デザイン　代表取締役　Z（仮名）」となっていたが、似たような社名「㈱新東京舞台デザイン　代表取締役　A（仮名）」の会社を地主の許可なく本店所在地として登記し、あたかも同一の会社で代表がA氏に入れ替わっただけのように見せかけ、B氏を使って取引先に「ちょっと社名と振込先が変わりました」と連絡する方法でA氏がZ氏に対して有する債権を回収していたと見られる。

A氏は、半年前位から高利の借金返済に行き詰まっていた様子で、夜逃げ状態に陥ったのは、A氏を追いかけていた債権者を撹乱させる目的も兼ねて紛らわしい社名変更をしたものの結局はごまかしきれず、最後の手段として保険金で債務を清算しようとしていたフシが見受けられた。

ところが、実際には家賃滞納に業を煮やした地主の動きの方が迅速だったため、あっという間に建物明渡し命令が出て、最終的には即決和解調書まで送達されてきたことで、目論みが狂うことになったのでは……。

つまり、和解調書で指定された期日までに滞納家賃を支払わなかったことで、建物の所有権が地主にあることを認める結果となり、事務所として使用できる猶予期限の利益をも喪失し、さらには収容財産である什器備品・資材に関する所有権をも放棄せざるを得なくなった。

こうして、まもなく差し押さえの執行日がやってくるという直前になって〝火災〟が発生。建物・動産全てが灰となった。近隣いわく「事務所の中身をどっかへ持ち出して行ったと思ったら、今度は次から次へとガラクタの様な資材を持ち込んで来た。入り切らない物は野積みし始めたので、火事にでもなったら危険だと心配していた」と。

こうしたことから、誰もが放火を疑った。しかし残念ながら、警察・消防とも出火原因を特定出来ず、タバコの火の不始末により〝失火〟の可能性が高いとしかいいようがないとのことで、約款でいう「保険金受取人の故意による火災」を立証するには至らなかった。

係争記録に基づき、最終的にC保険会社の弁護士から「ご契約いただいた火災保険は、他人のための契約であり、被保険者である貴社に被保険利益は存在しないため、当該保険契約を解除し、C保険会社に保険金支払いの義務はありません」と通知し一件落着。

反論された場合に備え、保険加入時の〝告知義務違反〟や〝通知義務違反〟での支払い不能通知も準備していたが、結局、出番が来る事はなかった。

保険金詐取を企図しても、すぐバレるものである。そんなエネルギーがあるなら、それを正業の方に注ぎ込んで欲しいものである。

以上

18　フェラーリが盗られた本当の理由

平成一三年初め、A保険会社から「フェラーリの盗難があったが、過去にも高級車の盗難歴がある契約者で、保険金額も一〇〇〇万を超えるため徹底的に調査して欲しい」との依頼が入った。つまり、「偽装盗難」か否かの調査である。

保険会社から与えられたのは、今回の契約経緯と過去の盗難の情報のみであったため、まずは契約者である個人M氏に面談し「調査同意書」を取り付けるところからスタートした。

しかし、私が会う前に保険会社の調査責任者が面談したらしく、いきなり偽装ではないかと切り出されたとかでかなりエキサイトしており、同意書に押印することに難色を示した。しかも、我々が使う同意書は保険金請求書に小さく書かれている「医療調査に対する同意書」とは異なり経済調査等多種多様な調査が出来る内容になっているため、抵抗度合もかなりのものであった。

このような場合、やむを得ず保険会社への悪口に同調することであくまで中立公平な調査に徹することを確約し、仮に被保険者にとって不利な結果が出たとしても、うわべだけのいい加減な調査がもたらす弊害の方が大きいことを説明することでかえって思わぬ情報にたどり着くことも多い。

今回も、そのセオリー通り、M氏は、自分は善意の第三者であり長年にわたり高額な保険料を払い続けてきたことが強調され、商売の苦労話が出るまで胸襟を開いてきた。しかし、言葉の端々からは、高級車には乗っているものの商売はジリ貧状態で、危ない儲け話にまでひっかかるようになってきた実態が読み取れた。

調べてみると、確かに経営する会社は火の車で、一般の消費者金融を始め商工ローンにまで手を出していた。これが動機としてもっともらしく取り上げられると報告書には「契約者・被保険者の故意、すなわち金銭的破綻状態に起因して保険金取得目的で盗難を偽装した可能性が高い」とされ、一旦そう決め付けられるとあとはそうでないことを立証しなければならなくなる訳で、実際こうした形で保険金を断られ、係争になっているケースは多い。

しかし、こうした調査にはもっと高度なものが要求されてしかるべきで、契約者の主張にも耳を傾け、その意味するところを裏づけをもって最終報告書とすべきである。

この契約者は確かにかなりの資産家一族で、親の代から保険会社に〝貢献〟している様子から、少なくとも契約者自身が仕組んだ偽装ではないと思われた。この旨保険会社の担当者へ一報を入れると「そんな安易な調査先入観を持たれたら困る」とおしかりをいただいたが、私の勘は未だ外れたことがなく、かといってそれを信じろと言ったところで始まらないので、あとは兎に角別の角度からそれを裏付けるしかなかった。

調査会社によっては、全て保険会社の担当者の思惑通り調査の観点を同調させる手法を取るところもある。一見、保険会社の味方であり協力的な会社に見えるが、こういうところほど要注意である。時間と費用を浪費したあげく裁判にでも負ければ担当者はいい笑いものである。

こうして、この事案に関しては、被保険車両の車歴（輸入時点に遡って歴代の所有者を確認する作業）を確認したところ、八年間に十数回の売買を繰り返している車であったことから、過去の所有者・使用者（法人の場合は代表者名も含めて）名で保険金請求歴のある名に絞込み、その素性を調査していった。

すると、その取引先になんと関西のY組と関東のI会という暴力団につながる企業舎弟がいることがわかり、いわゆるモグリの金融業として車を担保にして商売をしているグループに辿りついた。

詳しい手法は言えないが、どうも被保険者も金策に困った時に車を預けたらしく、高利に耐え切れず別のところから調達した資金で無事車を引揚げたものの、スペアキーを作られた可能性が高く、車庫も知られているのでいとも簡単に持ち出されたものと推定され、その旨最終報告とした。つまり、被保険者の故意によるものではない……と。

しかし、私より先に調査依頼を受けていたリサーチ会社の報告書もあるらしく、なにか最初のやりとりでの質問に対する回答内容に問題がある点と、裏づけは取れないものの極めて不自然な盗難事故であることを理由に、最終的には五〇%が支払われた。

ところが、これが数ヶ月後に思ってもみない展開となっていくのだった。

実は、指名手配されていた自動車窃盗団の一味が逮捕され、数ある〝実績〟の中から一部は関係する車金融業者と〝タイアップ〟していたことをゲロし、このフェラーリはまさしく私が結論付けた通りに盗られたことが確認された。

これを知った契約者はすかさず保険会社に追加支払いを求めたところ、すぐさまそれが認められた。

契約者によっては、こうした闇金融から「払えないなら盗んでやるから保険金が出たら折半しよう」などともちかけられ、これに合意するケースもあるようだ。

こうなったら、勿論〝免責〟であるが、これを裏付けるのはかなり高度な調査技術が要求され、危険度も極めて高いので調査料も半端じゃないし、実際こうした依頼は皆無に等しい。

保険金額が傷害保険などに比べ低いので調査料と天秤にかけると割が合わないということだろう。しかし、アメリカ的に盗難車専門の追跡調査員など、発見回収したら賞金はいくら払うといった思い切った事も必要かもしれない。

どこで盗難車を改造・解体しているかなど知っている情報屋が存在することも確かなので、アメリカ的な発想で情報を買う時代が来るかもしれない。

車両窃盗には色々な手口があるが、こうしていつの間にか合鍵を持たれ保管場所も知られていると、イモビライザー付きの車以外では対処できず、イモビライザーですらクリアする方法もあると聞く。複製された鍵を〝本物〟と認識させるチップを車両側のコンピューターに仕組む方法で。

最近はディーラー以外ではスペアキーが作れない車種も多いが、ドイツ製のコンピューターロボット（一〇〇〇万位）を使うと、細い形状記憶合金のようなものが自動的に鍵穴の中に入り込んで行って、瞬く間にドアが開いてしまうという。

どんな対策をしてもいたちごっこである。盗られてから解体されるまで数時間ということも多いらしく、対策が求められる。

以上

19　個賠契約者と被害者が同一人物だったケース

個人賠償保険は保険金詐欺の温床：事例①

もう二～三年前のこと、外資系A保険会社から個人賠償保険の事故で「被害品が全てノートパソコンで合計二〇〇万程の請求があったが何か腑に落ちないので調べて欲しい」との依頼があった。弊社は組織も小さく、人員等の関係から原則、死亡事故等の大型事案でかつモラルケースや自殺・私病先行ケースのみを引き受けているが、人的関係から少額ケースも担当させていただくことがある。

今回は、そうしたケースをご参照いただきたい。

保険金請求書には、「友人の家に遊びに行ったところ、玄関でつまずき、玄関先の陳列棚に手をついて押し倒してしまったため、友人が趣味で収集していた希少なノートパソコン十数台を床に落としてしまった」とのこと。

被害品を確認するため、調査員が「被害者」とされる男性宅を訪れたところ、その場から携帯で私に連絡が入った。「今、自宅に到着したんですが、なんかアパートの郵便受けが契約者と同じ名前なんですが……。住所間違ったんですかねえ?」とのことであった。

改めて保険金請求書を見ても被害者の住所は、今スタッフが到着した住所に相違なかった。書き違えも考えられるため、とりあえず住所表示・表札・郵便受けの写真を撮る様指示したが、表札はないとのことであった。

アポイントをとってから訪問しているので、やはり請求書の書き違えであろうと、とにかく被害状況を克明に撮影し周囲の状況と発生時の状況を入念にヒアリングし、後日損害見積りを出していただくよう指示し調査後の報告を待った。

「今終わりました。でもやはり問題ですねえ」というので、何が問題なのか尋ねると、「ノートパソコンの壊れ方が不自然で、どれも液晶画面がハンマーか何かでたたかれたようなひび割れ方をしていて……、しかもみんな画面の中央部に入力痕があるんです」とのこと。

物の値打ちについては、「確かに今ではちょっと手に入らないようなマッキントッシュの初期のものやら〝珍品〟〝希少品〟もありますが、なんか、秋葉原あたりに行けば安く手に入るんじゃないんですかねえ」とのこと。

後日、〝被害者〟と主張していたこの男の素性を調べてみると、現役自衛官で、消費者金融数社に一五〇万程度の借入があり、返済も滞っていることが判明。訪問した先はその男の自宅住所で、証券記載の契約者住所は自衛隊の官舎の住所であることが判明した。

つまり、自分の住所を事故があった被害者宅の住所にしたつもりが、何故か郵便受けには自分の名前を出したままにしていたところに調査員が訪ねてきたものだから、たまったものではない。

こうしたことは珍しいことではなく、調査員も心得たもので、そ知らぬふりをして一通りヒアリングし、本当に請求意思があることを書面が出されるまで待ったところ、後日「損害額請求明細書（約二〇〇万）」が提出された。

この段階で、弊社も「損害賠償金取得を目的として自らを第三者に成りすまして賠償金を請求したもので、契約者の故意による保険金請求である」として報告し一件落着。

以前、何か一〇万程度の請求をした時は、調査もなく簡単に支払われたことで味を占めたらしく、今回消費者金融返済分として一人二役するつもりだった模様。

なんともお粗末な話である。

以上

20 皆でやれば、すぐバレル「自転車と車の接触」偽装事故

個人賠償保険は保険金詐欺の温床：事例②

一番困るのが交通事故なのに警察へ届け出ていなかったり時間がたってから届けるケースで、実際にそうした事故があったのかどうか確認することが難しくなる。

平成一三年の冬、B保険会社宛契約者から「社員三名と葉山の別荘に保養に出かけた夜、自転車で走行中に誤って他人の車に接触し高額な賠償金を要求された」と一報が入った。とはいっても、「個人賠償保険が使えるのを知らなかったから」との理由で事故発生から一ヶ月以上たっての報告で、警察でも交通事故として取り上げてもらえなかったとのことである。

また、それを保険会社が「不届け理由書で代用しましょう」と言ってしまったものだからこの件に関する事故を裏付けるものは当事者で交わされた〝念書〟、すなわち賠償を約束する書面と当事者の証言しかない状況であった。

事故が偽装の疑いもあると見た保険会社から私宛調査依頼が来たのは、事故から一ヶ月半以上たってのことである。

車両は黒い二代前のシーマで横浜ナンバー。幸い傷はそのままで見積りは四〇万を超え、修理期間中の代車をいれると五〇万程度の請求となっていた。

本来こうした事案は調査コストと保険金支払い額とのバランス、いわゆるコストパフォーマンスの問題もあり、保険会社も「何かおかしいなあ」と思いつつもウヤムヤ状態で支払いされることもあろうが、今回は担当者の勘で思わぬ展開となった。

金に困った仲間同士がつるんでお互いの車を賠償しあう詐欺グループの一員だったのだ。

手口は色々あろうが、異なる保険会社に複数の仲間が善良な一般契約者を装い火災保険や傷害保険に付帯の個人賠償保険を利用すべく契約し、一台の〝被害〟車両をエサにするケースは昔は多かったが、昨今鑑定人やアジャスターの情報ネットでそれもままならず、今回は〝被害者〟役もそれぞれ異なる車を準備し、巧妙に工作していた。

(しているつもりだった?)

しかも、それぞれ異なる工場に入庫し異なる見積りを取っていたので、一見よくある「自転車が誤って傷つけた車」としても通ると思われた。

車の名義人が異なる場合は、それ相応の理由付けをしてアジャスターなどを納得させ、傷も走行に支障がない程度のものだが、塗装面積は広範囲に及ぶよう巧妙に細工されていた。

誰が見ても、言われてみれば確かに「自転車によって傷つけられた車」である。これが「偽装された傷」であることを裏づけるのは困難かに思えた。

こうした場合、まずセオリーどおり順を追っていくのがベストと考え、まず「誤って車にぶつかり、傷を付けてしまった」と主張する契約者の自転車の確認と、当然のことながら被害車両の傷のつき方を正確にトレースすることから開始した。次に、契約者と被害者の人的接点の洗い出し、さらには両者の経済状況をさぐった。

傷の付け方は流石で、両車の傷に整合性がないと主張するには無理があるほど巧妙で、被害者も一様に「勤務先＝自営」などとして携帯電話の番号しか持たず、職場をあたろうにも〝結果〟は期待薄であった。

ところがある日ひょんなことから、実はほとんど同じ職場、あるいは関連のある職場に勤務する若者グループであることに気づいた。

遊びの資金なのか、消費者金融や勤務先からの前借などで四苦八苦していることも判明。

「ひょんなこと」というのは……、当方が被害者（と称する人物）と面談した際、〝ポロッ〟と他の保険会社の名前が出てきたこと。さらには、やはりこうした調査をしているほかの調査会社の名刺が書類の間から垣間見えたことであった。

これを記憶し、後日、名前の出てきた保険会社と〝垣間見た〟名刺の調査会社に照会したところ、「なんか似たような事故ですなあ……」ということになり、それらを通じて得た情報に基づき仲間の「相関図」を想定した。

警察への照会も併行したがあまり協力的ではなかったため、思い切って契約者と被害者に「こういうお友達がいますか」と、とぼけて聞いた結果、ほぼ全員が数日中に「あの事故の件ですが、ちょっと勘違いしていたこともあり保険請求は取り下げます」と数社に連絡してきた。

何か拍子抜けする結果となり、正直、調査会社としても手間の割りには〝リターン〟の少ない最終報告書となったが、保険会社の社員・技術アジャスター・調査会社等が常日頃から情報交流を欠かさず、適正なるリサーチを行ってゆくことが〝善からぬ契約者〟に対する抑止力ともなり、ひいては保険営業に携わる者の経営プロフィットにも貢献できるものと確信するものである。

以上

21　プロの目はごまかせない！

（仕組まれた偽装追突事故）

かなり昔の話で恐縮だが、私がまだ保険会社の損害査定部（現在の損害サービス部）に在籍していたころは、一部のタクシー運転手が職場で花札やサイコロ賭博をし、負けがこんでくるとタクシー乗務中に仲間の自家用車を故意に追突させるのがはやった。それで入院し、損保に「休業補償だ！　慰謝料だ！」やれ「後遺障害が出た！」などと言っては、その負け越しを清算していく手口である。

特に大阪はその代表地で、当時「〇〇タクシーは暴力団と繋がっている」とか「事故を起こそうとしてムチャクチャに走るから近づかない方が良い」とかささやかれることが多かった。

しかしその後、各損保が査定責任者会議（当時）を通じて警察と連携をとるようになってから、いわゆる「示談屋」とかこうした偽装事故事案等に関する情報交換が行われるようになり、かつてのような露骨なケースはめっきり少なくなった。

とはいえ、現代でも〝昔堅気（?）〟の人間がいて、時々世間を騒がせる。昨年の夏、埼玉県で起きた事件はまさしくプロの目から見たら極めてお粗末な茶番劇であった。

D保険会社に事故報告が入ったのは事故の翌日であった。県道で追突事故を起こし、同乗者も含め双方で八人が受傷し、車もかなりの損害になるということであった。

不審を抱いた修理工場から相談を受けた保険会社サービスセンターのS氏より「なんか、……保険金詐欺っぽい件があるので……」と調査依頼が入った。

早速、サービスセンターに出向き、アジャスターが撮影したデジタル写真を見た瞬間「ああ、やってますねえ！」という言葉がついて出た。

見ると、二台とも傷が不自然で、特に「く」の字に折れ曲がった契約車両セドリックのボンネット（エンジンフードパネル）は、重機等で押し曲げられたように思えた。追突された側の四輪駆動車は、リアバンパーの左右の曲がり方に一貫性がなく、周囲には加害車両の塗色とは明らかに異なる白っぽい古キズが広範囲に付着していた。

長年、事故車両を見続けて来ると、相手の物体が確認できなくてもどこにどのように衝突したものか判るもので、ＴＶニュースを見ていても、道路脇に散乱したパーツから大体の車種を特定できるようになり、そのあと映し出される事故車両本体を見て「ああ、やっぱりこの車だったか！」となるものである。

さて、この件、私自身がパソコンで事故状況を再現するのはあまり得意ではなく時間もかかるので、その道の専門家である〝自動車鑑定人〟に依頼することにした。担当のＳ氏には、証拠保全のため、不自然な折れ方のボンネットを回収してもらい、あとは精密な鑑定結果を待つことにした。

結果を待つ間、双方の車両に大の大人、しかも男が四人ずつ乗っていた不自然さの背景を探ることにした。

すると、やはりというか予想通りというか、加害者側と被害者側で共通の仕事をしているものが二組四人いることが判明。一組は飲食店関係、一組はとび職であり、しかも互いに面識のあることも……。

また、ほとんどが消費者金融からの借入があり、自営業を営む一人に至ってはかなりの借金があり、しかも半年位前から延滞が続き、経済的には困窮していた。

そうこうしているうちに鑑定人から意見書があがってきた。結果は、想定されたとおり「加害車両のボンネット先端は重機等で人為的に押しつぶされた可能性が高い。被害車両の凹みは一度でできたものではなく、コンクリートブロック様のものに逆突してできたものと推定され、傷の高さ等が一致しない」というものであった。

また、八人が三つの病院に分かれて入・通院を繰り返していたことで、人物特定もした結果、うち二名が現役の暴力団構成員とわかり、保険会社側がこの事実をもって警察に被害届を出した（対物保険金約一〇〇万と車両保険などを支払っていたため）ところ、これが受理され、それから一ヶ月ほどで八人全員が逮捕された。

今回、私は普段行うような綿密詳細な調査は何もしなかった。というより、する必要もなかった。長年の勘で「偽装」を直感し、専門家に意見を求め事故の動機となり得る点をリサーチしただけである。

保険会社担当者の適切な初期対応がなければ、車両保険・対物賠償保険・対人賠償保険七名分（加害車両の運転者以外の）・搭乗者傷害保険四人分、少なくとも一〇〇〇万程度は無駄な保険金として消えていたかもしれない。

保険会社の経営や顧客の保険料にも影響しかねない、こうした「保険金犯罪」が少しでも減れば……と、祈念するばかりである。

以上

22 雪降ろし中に転落しても〝事故〟と認定されないケース

三年前の一月、札幌市中央区の男性（五八歳）が、納屋の雪降ろし中、まっ逆さまに転落し頭頂部を強打。かろうじて一命は取り留めるも、下半身麻痺が残ってしまった。

K保険会社より、後遺障害保険金（普通傷害保険）請求に関し、モラル（ケンカ闘争行為・泥酔下での事故・自殺企図など）リスクも視野に入れた医療調査の依頼が入ったのが二月下旬であった。

いくら北海道とはいえ、三月に入ると雪の積もった屋根を捜すのは難しくなる。なんとしても雪のあるうちに現場を確認したく、天気図をにらみながら雪の降りそうな日を選び札幌便を予約したところ、念願どおり二〇㎝以上の降雪日に〝恵まれ〟た。

「まっ逆さま転落」の釈然としない説明

新千歳空港から三〇分ほどの契約者宅を訪れ、屋根の勾配や降り積もった雪の様子を観察しつつ、奥さんに当時の様子を尋ねてみたが、何か釈然としない。

頭の先からまっ逆さまに落ちているのにもかかわらず「足を滑らせて落ちたようです」と説明している点であった。

足を滑らせて転落したとすれば、地上まで二m半位しかない距離では、足やお尻、腰などの下半身から着地することが多いと考えられ、仮に滑って横になった状態で転落したとしても、側頭部や後頭部・背中・顔面などが先に着地したり、手首を骨折するなどの防御姿勢をとるはず。

被保険者の場合、まさしく頭のてっぺんが陥没骨折しており、入力方向を裏付けるCTやレントゲンの画像から判断しても、頭頂部に対して垂直な力が働いたことは明らかで、頚椎の一部が強く変形し内部を通る下半身を支配する神経が圧迫されていた。

ではなぜ防御姿勢もとらない形で、まっ逆さまに転落したのだろうか？　こうした場合最初に考えられるのは、意識を失ったまま転落するケース。

これを裏づけるため、救急隊に臨場時の様子を確認した後、被保険者の入院先を訪れ、落下時の状況を尋ねてみた。

すると、「実は、どうして落ちたのか良く覚えていません。気がついたら病院のベッドの上でした。なんか、めまいでもしたのか、足が滑ったのか」という説明であった。

意識障害を伴う疾患を想定

こうした説明の場合はまず、一過性の脳虚血（立ちくらみの一種）をはじめとして、脳卒中（くも膜下出血・脳出血・脳塞栓などの総称）や糖尿病での低血糖発作など、意識障害を伴う疾患を想定する。

翌日、ドクターに面談の結果「以前、脳卒中で左半身が麻痺したことがある。その後、リハビリの甲斐あって日常生活にほとんど支障がなくなるまでに回復していたが、大事をとって自宅近くの内科で投薬治療を継続していた」ことが確認された。

一方「落ちた場所が運悪くマンホールの蓋のところで、周囲の積雪にもかかわらず（地熱などのせいか）そこだけ金属の蓋がむき出しになっていた」ことも確認され、落下の軌跡を図面に起こしご本人の体重・身長を加味しながら工学の専門家に意見を求めたところ、頭の先から防御姿勢を伴うことなく転落している様子が明らかとなった。

又、常用していた薬の内容からも、脳梗塞等を再発する可能性が十分あったこと、被保険者本人もその可能性を否定しなかったことなどを総合的に勘案し、保険会社へは「現存する肉体的障害（今回の事故）は、既往症に起因する可能性が高い」旨報告。

生保で支払い、損保は支払えず

幸い、被保険者は他に高額な生命保険があり、そちらの方ではなんら問題なく支払われたとのこと。

明らかに病気が原因の場合、一見転落〝事故〟に見えても損害保険では支払えないことがあるので要注意である。

以上

23　故郷が鬼門（？）に見える時

私が三〇歳の時外資系損保A社の函館事務所勤務を命ぜられ、大阪から一人函館に赴任していた頃の話である。ちょっと古くて恐縮だが、保険金詐取の手口としてはあまりに大胆なグループだったので今でも時々思い起こす事案である。

当時私はA社では初めての査定と営業兼任の責任者となっていたが、本当は会社をやめたくてしょうがない頃であった。営業責任者と言っても担当代理店は一〇社程度であとは代理店研修生や、タイアップしている生命保険会社職員への普通資格の講習をしたりしながら、長万部《オシャマンベ》などの役場を一日かけて廻る日々が続いた。

今だから言えるが、まさしく地方へ飛ばされた〝できの悪い社員〟を絵に描いたような生活であった。

そんな中、事件は起きた。札幌支店の査定課から「新聞販売店の不審火が続いており、詐欺っぽいから査定依頼をしたい」とのことから始まった。

なぜかこうなると血が騒ぐ。営業の成績も上げられない（というか、どうしたら上がるのかも知らないアホバカ所長であった）毎日だったので、「よっしゃ、やったるでえ！」（大阪勤務が長かったため、当時はこんな言葉だった？）という感じだったと思う。

こうなると、時間も忘れてまるで探偵みたいな毎日が楽しかった。問題の火災を起こしたという新聞販売店の従業員（販売拡張員）が、今度は自転車で転倒して頚椎捻挫になり入院したという。ますますおかしいと感じ、早速函館市内でも結構大きなM整形外科を訪ねた。

アポなしで訪ねた時、なぜか六人部屋では花札が行われていた。しかも一人は顔を赤くし酒臭い有様。本当に入院が必要なのかよ？……と思いつつ、とりあえず丁重にご挨拶し事故状況を尋ねた。

札幌育ちの私は、若かりし頃、東京の大学を受けるにあたって、親を説得する手段として「東京新聞奨学生制度」を利用し学費を賄うことを約束していた。実際、予備校に通いながら江東区南砂町の専売所、港区溜池専売所に配属され、朝三時起きの勤労学生として修行をした。だから、ある程度は新聞販売店のフローは把握しているつもりであった。

当時は、特定の販売店が立て続けに「火災だ」「傷害事故だ」と保険金を請求してきて「あやしい」と感じても、査定情報の交流がやっと始まった頃で、結局は各社独自の判断が求められ、自分の足で情報をかき集めるしかなかった。

二度目にM整形外科に足を運ぶと、最初と同じく花札の最中で、現金らしいものも飛び交っている様子だった。看護師も〝見て見ぬ振り〟で、院長に入院見込み期間を尋ねると、こちらが聞きもしないのに「いやあ、大分ひどい転倒をしたらしく、もう二～三ヶ月は入院することになるかもしれないなあ」と、とぼけた様子でしゃべりまくる有様であった。

その晩は、思い通り調査も進まず苛立ちを感じつつ、いきつけの居酒屋に立ち寄った。酔いもまわりかけた頃、隣合わせになった四〇歳位の男に「函館の病院はいい加減ですねえ」と愚痴ったところ、あとでわかったのだが、これが偶然道警の刑事だった。むこうも何か院長の身辺を洗っている様子で、どうも覚せい剤に絡む事案を調べているらしく「理由もなく入院させているみたいなら診断書もいい加減に書いている訳だなあ」と言ったかと思うと、すかさず「別件でしょっぴけば、……いけるかなあ？」と呟いた。

新聞に小さな記事が出たのはそれから一〇日位してからであった。「整形外科院長逮捕。暴力団との覚醒剤取引の容疑」とか「入院患者の覚醒剤使用を黙認。金銭がらみで院長自らも使用していた疑い」と出ていた。

後でわかったのだが、訪れた部屋の全員が暴力団関係者だったらしく、院長は金にまつわる事で暴力団に弱みを握られ、自らも時々薬を打ったりしていたという。

結局、大した調査もしないうちに飲み屋で口が滑って本来あまりもらしてはいけないことを隣の〝おじさん〟に愚痴ったことが功を奏したのか、保険金請求も自然消滅することとなった。

その後「査定のことばかりにかまけていないで営業と両立せよ」との会社の方針に耐え切れず、入社一〇年目を数えるのを待って札幌支店長宛「退職願い」を提出した。

以下、プライベートな〝事件簿〟になるのだが、辞表を出す前に友人の意見も聞いてみたいという衝動にかられ、小樽の先にある余市という町に住む親友を訪ねた。積もる話に花が咲き、結局は辞表を出すことをためらう理由はないと判断してぐっすりと眠れるはずの夜中に腹痛で目が覚めた。明るくなるのを待って近くの救急病院に行ったところ〝盲腸〟と診断され急遽入院手術したことがあった。

それから二〇年程経った年の九月、函館での覚醒剤事件などを思い起こしながら、この友人の家を久しぶりに訪れた。翌日は友人の子供（四歳）の保育園の運動会。お父さん達はほとんどが三〇代とおぼしき中、友人の代わりに「保護者障害物競走」に張り切って出場した。最初の関門である「梯子くぐり」を終え、次のコーナーで待ち受ける「トンネルくぐり」に向かって一気にダッシュ。その途端、右足の踵付近で異様な音が……、「パチ」っという大きな音。瞬間にピンときた。「アキレス腱を切ってしまった‼」と。でもリレー形式だったため「次にバトンをまわさなくては……」と思い、左足ケンケンでなんとかゴールし、その場にへたり込んでしまった。

救急車で運ばれた先が、なんと……以前盲腸で入院したY病院だったのだ。当時「盲腸の手術は初めて」という医者にあたってしまったため、未だに右下腹部には一〇㎝にも至る大きなメスの痕が残っている。そんなことがあったので、今度は〝殺されかねない〟と思い、緊急手術を勧められるも「ゴメンなさい。どうしても東京に帰らないとダメなんで」と、逃げるように病院をあとにした。

やっとの思いで東京にたどり着き、朝を待って専門医に駆け込んだところ「手術しなくてもギプスで大丈夫ですよ」と言われ、それを信じて二ヶ月固定。

ギプスを外しスッキリし、不安ながらも松葉杖をついて沖縄での水死事故の調査に出向いた。砂浜をこわごわ一歩ずつ、足首を捻らない様細心の注意を払いながら何とか現場確認を終え東京に戻った。ところが翌朝、ちょっとした拍子に踵に力がかかって、再断裂を引き起こしてしまい、今度はおとなしく手術を受けるはめに。結局、二ヶ月ちょっとの間に救急車に二度お世話になったことになる。

〝事件簿〟が公私混同になってしまったが、生まれ育った土地でも鬼門になることがあるようだ。それとも、単なる〝年のせい〟だろうか？

以上

24　盗られても「盗難保険」の対象とならないケース

平成一五年の五月、連休が明けて一週間程してS保険会社火災新種損害サービス部より盗難事案に関する調査依頼が入った。Aという法人が被保険者となった店舗総合保険である。損害内容は事務所内収容の什器・備品八〇〇万相当及び業務用現金二〇〇万であった。

保険金請求は事故日から七日経って出たため、最初はAという調査会社がこの会社の社長と面談し経緯を確認していた。しかし、どうも申告内容が不自然で、普通の盗難事案とは違うということで、この背景に何があったのか調べて欲しいとの依頼であった。

不自然な点は発見状況にあった。連休明けに社長が事務所に行き、いつものようにドアに鍵を挿しこんだが開けることができず、社員の到着を待ってこれを開けようとするもやはりピクリとも動かないことから鍵屋を呼んだところ、シリンダーが交換されているとわかり大騒ぎになり、やっと開けて事務所を見渡すと電話の主装置を残して、あとはデスクも椅子も何もかもきれいに消えてなくなっていたという。

さらには、何を思ったのか通常ならすぐ一一〇番してしかるべきものを、翌日所轄に電話しているところであった。

最初に入った調査会社には、この点に関し「気が動転していたが、ひょっとして従業員が持ち出したのかと思い、一晩頭を冷やしてから警察に電話をした」と説明している。

これを聞いた保険会社が「従業員に盗られたのであれば、第三者による盗難とは言えず保険金支払の対象とはならない」旨、契約者に伝えたところ、逆ギレされて「従業員がやったなど一言も言っていない。盗られたのは事実なのだから早く払え」ということになり、この辺の事実関係を洗いなおす必要が生じた。

私が出向いて判ったことは、この会社は経営不振でリストラを実施している中、解雇通知を出した一部の社員が「退職金代わりに！」と、パソコンなど金目の物を持ち出していたことである。また、これに一部仕入先が加担しており「仕入れ代金の代わりに……」と、担当営業部長が会社の商品（本件保険対象外）を横流ししている事実も浮上した。この点に関しては、確かに会社が被害者であるため、刑事事件として届け出たものの、債権債務が絡んで、その部長が債権者に代物弁済を約している事実もあり、経営者もこれを黙認していたことから、結局、刑事事件としての受理はされなかったばかりか、盗難としては、一応受理はされているものの「内部犯行の疑いあり」として臨場していない事実も確認された。

また、ドアの鍵が交換されていたのは、組合員が社長を社内に入れないようにしていたためで、警備会社もその事実を認めている。

さらにリサーチを進めていった結果「什器備品を処分してでも、未払い給与などを精算する」と従業員に約束していた事実も判明し「他人による盗難には該当しない」として報告し「一～件～落～着」。

以上

25　荒川に浮いた女

三年前、荒川の土手で若い女性（二八歳）の遺体が見つかった。警察で遺体の写真を見ると外傷らしいものもなく、まるで眠っているようなきれいな状態だった。ただ一つ、両上腕部に男の両手でつかまれたような瘢痕が認められた。まるで後ろからギユッと捕まれたような……。

C保険会社には、その夫を契約者とする二〇〇〇万の普通傷害保険があった。妻が死亡すれば一〇〇〇万が夫に入る典型的なものであった。他社契約を照会するも、これといった契約もなく、保険金受取人の故意や嘱託殺人が立証できなければ保険金は夫の手中に収まることになる。

逆に、泥酔して川に転落したとか、自殺、あるいは薬物により心神喪失状態だったことが立証できれば免責となるケースである。

調べてみると、妻は本名ジュリア、源氏名マリということで、御徒町のフィリピンパブで働いていた。夫はタクシーの運転手であった。

夫によれば、妻は三日後にフィリピンに里帰りする予定で、子供や親戚への土産を山のように買いトランクに詰め、出発するのを楽しみにしていたようだ。

夫婦仲は問題ないとの説明で、実際に戸籍上の妻にもなっており、夫も毎月二五万程度の収入があった。

二日後、彼女が働いていたパブに潜入してみた。情報をとるため高めのボトルを入れ、大いに盛り上がった。（こういうのは、得意中の得意でして……）席にはジョジョ、ミミ、ピピという三人がついたので、さりげなく聞いてみると「パパと（お金のことで）ケンカしたって泣いていたよ。だから体調わるくて早く帰った。それからどこいったかわからないね。ひどく酔っ払ってたね。ハンドバッグ遠くで見つかったよ。でも財布なかったね。かわいそうよ」と。やっぱり、自殺かあ！……と思いつつも、上腕部の手指瘢痕が気になった。

翌夜中、彼女が歩いたと思われる時間帯に土手沿いを歩いてみた。水銀灯があるとはいえ、薄暗い土手沿いにはホームレスのダンボールハウスが軒（?）を連ねていた。

いくら酔っても、ホステス一人が歩く場所ではない。

思い切ってホームレスに尋ねると「オヤジと歩いていたホステスだろ。白いミニはいてたやつだろう。橋の上で女が泣いていたらしいけどおれしらないよ。突き落とされたんじゃないの？　けんかでもしてさあ」とのことで、殺人の線も見えてきた。

大塚にある東京都監察医務院に照会の結果①性的暴行された形跡がない②上腕部の瘢痕は男性がつかんだ際にできたものと思える③診断書上は水死となっていたが水をほとんど飲んでいなかった④腹部に強打されたような圧迫痕が認められた……とのことで、腹部を打たれて意識を失ったあと両腕を押されて川に転落したものと推定された。

この点、警察見解も同様で、元暴力団の男が浮上しているものの、全容確認には時間を要すとのことで、消去法により、第三者による殺人の被害者と結論付け、一〇〇〇万は無事夫に支払われた。

以上

26　失明が故意と言い張る大手保険会社

調査の仕事に携わっていると、扱う事件が裁判にまで発展することがある。全件こうしたことを前提としていついかなる訴訟に発展しようと、「真実はひとつ」というのが私のモットーであり、それに備えて常日頃から調査段階での証拠収集には万全を期しているつもりだが、いつになってもなかなか完璧なものはできないものだ。

（事件のあらまし）

以下は、平成一〇年に保険契約者（以後「K氏」と略す）が大手保険会社を相手取って保険金請求訴訟を起こした事案である。

このK氏（当時四八歳）、海外で宿泊中に下着を包むナイロン袋で足を滑らせ開いていたスーツケースを巻き込むようにしてつんのめった際、折りしも、できたてのカップ麺と竹製の先のとがった箸を右手につかみ、左手にはお茶を持っていたために、防御姿勢で両肘が着地した際に、カップから上方に突き出していた箸が左の眼球と下まぶたの間に滑り込み、反動で眼球が半分突出するように持ち上げられたというもの。通報で駆けつけた救急隊により地元病院に搬送され、箸が刺さった姿はTVを始め地元マスコミに大きく取り上げられた。

緊急手術で抜き取られた箸は、先端の数ミリ部分を残して三つに折れた状態で摘出された。この状態から推定すると、少なくとも自殺企図などの人為的（保険金狙いで片眼を突くケースが以前はやった（？）事があるが、いずれも小刀や針などの先で黒目を突く……黒目はさほど痛くないという……パターンで、いずれも受傷部位を拡大撮影すれば、先がどういう形状の物だったか一目瞭然。一眼の失明は、死亡保険金の六〇％となっているため、経営者など大型契約で使われた手口）なものではないと推定された。

医師によると、眼底ギリギリ、つまりあと数ミリで眼球を突き抜けて脳に達していたとのことである。

ところが、傷害保険の契約は六社、合計二億近い保険金額のうち片眼失明は六〇％認定とあることから、単純計算しても一億二〇〇〇万程の請求となったため、各社が独自に調査を行い、五社は私の報告書も参考にしながら最終的には全額支払を行った。ところが、S保険会社だけは、保険金を支払わず弁護士対応としてきた。このため、契約者K氏は、加入していた海外旅行傷害保険九〇〇〇万（付帯費用含）とこれを支払うまでの遅延利息年五%及び弁護士費用等を支払えという訴訟を起こした実話である。

九〇〇〇万というのはK氏が自ら選んで加入したように思われるが、実際はそうではなく、旅行代理店の勧めで死亡時七〇〇〇万に加入したもので、なんら不審なところはない。ただ、保険会社にとってアンラッキーだったのは、祝休日（日本ベース）に起きたものは倍額という（自動）特約のために一億四〇〇〇万となり、失明時六〇%が適用されるため九〇〇〇万弱となった次第。

（本編執筆趣旨）

第一審の大阪地方裁判所は原告である契約者側の主張を一〇〇%採り入れ、保険会社側の完全敗訴となった。しかし、これを不服とした保険会社側が控訴し、大阪高等裁判所で争った事案である。今回被保険者の同意を得て、敢えてこの経緯を公表することにした。

本来調査会社というものは、保険会社から仕事を頂いている都合上、常識的には保険会社側に立つものと思われているが、私は、あくまで中立・公平の立場にて先入観を持たずに調査にあたる主義なので、まれに保険会社がとる常軌を逸した契約者いじめとも取れる調査活動に対しては義憤を禁じ得ない。本編はそうした極めて希少・貴重なノンフィクションである。

保険会社に籍を置く読者の中には「これひょっとしてうちの会社のこと？」と察する方も少なからずおられることは覚悟のうえで、敢えて問題提起することで、リサーチ会社のあるべき姿を良く理解いただきたいものである。

（本編の保険契約概要）

本人が意図するまでもなく、クレジットカードを何枚も持つのが当たり前の世の中では、カードに自動付帯の海外旅行傷害保険や普通傷害保険とは別途、海外旅行に行く時に旅行代理店から言われるままに海外旅行傷害保険に入っても何らおかしくないが、いずれにしても保険金額がサラリーマンでも一億を超えることが多いとなると保険会社としてもリスキーなものとなってくる。

こうした中で事故が起こると契約約款では同種の保険（この場合、クレジットカードに自動付帯の海外旅行傷害保険と旅行代理店で勧められた海外旅行傷害保険）の保険金上限は五〇〇〇万で打ち切られることになっている。

しかし、普通傷害保険が自動的に付いているカードもあり、こうしたものは本人の年収と比較して著しく不合理なものでなければ（つまり、ミエミエの保険金狙い）各社個別の調査が行われ、各々が支払い対象（もちろん免責の場合もある）となる。

（事件態様）

平成一〇年一月、大阪在住の男性（四八歳）が、台湾旅行に出かけホテルの一室にて転倒し、片目を失明するという事故が起きた。

海外旅行傷害保険は航空券を購入する際にAという旅行代理店から勧められるまま、S保険会社に加入していた。金額は事故で死亡時七〇〇〇万円というもの。

（調査推移）

当社にはB社から調査依頼が入った。内容は某カード会員向け普通傷害保険で、海外旅行中も対象となるためカード会社を通じ事故報告が入ったもので、ホテルという密室で目撃者もなく、転倒した際に手に持っていた竹の箸が眼球に突き刺さったという不自然な事故ということもあり、ケンカ闘争行為や自殺企図、或いは飲酒や薬物による心神喪失状態で起きた可能性を懸念していた。

パスポートの写しを見ると、あくまで写真のコピーだから鮮明ではないものの、ちょっと一筋縄ではいかない強面の方であった。

とはいっても、まずは面談してみないことには……と、先入観を持たない様（でもやっぱり怖いものは怖い）にして、早速大阪に出向いた。

一見してその筋かと思われた契約者と話すこと三〇分、話し方や物腰は何処にでもいる大阪のおっちゃん（失礼！）と変わりなく、手を替え品を替え色々な方向から事件のあらましをヒアリングしたところ、覚えていないことは覚えていない、記憶している範囲ではまあまあ辻褄もあっていると思われた。

K氏はバスの運転手として、勤続三〇年のベテランで、緊張の多い職業柄年一〜二回は家族と海外旅行に行き、そこで息抜きすることと自分の船で釣り糸を垂れることが生きがいという。

昔は大酒のみだったらしく、結婚する際断酒することが条件だったため、それ以来ピタッと酒を断ちギャンブルには全く興味もなく、女性にも無縁であった。これは、私なりに後で裏づけをとっているので間違いない。多くの調査会社はこれを行わずに本人から聞いたことを鵜呑みにするか噂や推定で作文した報告書が多く、本件もS保険会社が依頼したY調査会社の初動調査が偏見に満ちたものであることから問題が大きくなった。

（調査のポイント）

保険金支払免責となる項目がなければ保険金を支払うことになるのだが、何故普段は家族と出かける海外旅行に一人で行ったのか、よりによって誰もいないホテルの一室で何故どのようにして転倒したら箸で片眼を突き刺すことになったのか、同室或いは商談等で部屋にいた誰かとトラブルとなった結果ではないか、或いは飲酒や薬で意識が朦朧として転倒したのでは、はたまた、借金や病気・人間関係に嫌気がさし自殺を図って事故を装い保険金を狙ったものの運良く箸が脳まで達しなかったために命拾いしたのでは……などと、色々のケースを想定して調査に入った。

結論はシロであった。

消費者金融には二〇〇万程借入があるが、奥さんも準公務員として本人の年収八〇〇万以外に六〇〇万程の収入があり、消費者金融はボーナスまで旅行費用が足らない時に借りてはボーナス時にしっかり返済しており問題なく、持ち家のローンも毎月七万程度で延滞などもなく他人保証もなかった。

一人で旅行した点が不自然であったが、ちょうど前回奥さんと韓国旅行をして今回も誘ったが、娘さんが中学受験前という時期と重なり「お父さんたまには一人で行ったらええやん」ということでボーナスの一部を奥さんの許しを得て台湾旅行に充てたもの。

特に不審とされたのはホテルの一室の出来事では、風呂場での転倒事故と一緒で、本来は目撃者がいないことは決して不自然なことではなく、目撃者がいないというだけで支払拒否される謂れはないものの、そこは保険調査の立場で徹底的に調べ上げる事になる。逆に言えば、契約者や被保険者が一番弱いところを徹底的にあぶりだすのが〝腕の良い〟調査員である。

しかし、シロはシロである。ただ、質問していく中で前日の行動がグループで現地ガイドを一人つけていたことが判り、事件当日もオプショナルツアーではないもののガイドを依頼していた事実が判り当日の予定を尋ねるとこのガイドが迎えに来ていてもおかしくない朝の時間帯に事件が起こっていた。

ガイドと言えば男女両方いる訳だが、何故か私は一人旅の男に男のガイドが付く訳がないと考え、地元の美人ガイドをイメージしてしまった。それを前提に（先入観を持ってしまっている！）ガイドさんはこの事件を知っているかどうか尋ねたのがきっかけで、何故かK氏もしどろもどろになり、結局ガイドを部屋まで迎えに来させていたことが判明。つまり、そのガイドが部屋にいたということになる。

記者風に言えば特ダネスクープということになる訳だが、私のレポートには敢えて書かなかった。

その時部屋にいたなら事故を目撃した可能性が高いため、台湾に飛び実際に事件の起きたホテルの同じタイプの部屋でこのガイドさんから事情を聞いた。さすがに直ぐOKとは行かなかったが、K氏が事情を説明し決して迷惑は掛けないからと説得しやっとのことでインタビューにこぎつけた。断っておくが、この間に辻褄あわせをした形跡は全くないし、そうしたか否かチェックする術位は持ち合わせている。


（疑惑の始まり）

しかし、反面そういうタイプに「詐欺師」が多いのも百も承知で、相手のペースにはまらない様、時にははまった振りでとぼけたりしながら、事の推移を聞きだすことができた。


（控訴理由）

S保険会社が控訴したのは、事件性については争わず、あくまで眼が見えているかいないか再度確認をすべく、第三者の医師による診断を仰ぐというのがその理由であった。

しかし、時間の経過と共にそれが忘れ去られ、本人への執拗なまでの尾行やY調査会社によるビデオ撮影が繰り返され、どうしても片眼が開く瞬間でも撮りたいのか、自宅を出たK氏を一つ先の交差点で待ち伏せて、自転車を使って出会い頭を装って突っ込ませ、わざと何も言わずに立ちさる形でケンカ早そうなK氏が手を出してくるのを待ち、無理やり刑事事件の被告に仕立てあげようとしたのか、怒れば片眼が開くとでも思ったのか、いずれにせよ卑劣極まりない行動を仕掛けてきた。

前後関係は記憶も定かではないが、それより遡ること数ヶ月前には、電車の改札を抜けたところで人相の悪い男二人がわざと体当たりしてきている。

片眼でも慣れてくると運転できないこともないらしく、車を運転したり単車を運転したりしているので、単車を運転しているところを撮影されたかもしれないと言っていたが、案の定、高裁宛てに、片眼が見えないのに運転していると報告してきた。道路交通法では、片眼で運転してはならないという項目はなく、運転できるのは眼が見えている証拠と言いたかった様だが、ゴルフなんかもしているらしく、ハンディをものともせず健常者に近い生活を送っているその姿勢には感心させられた。

（鑑定医）

こうした事件で医師の診断は裁判所より国公立病院などに依頼するが、昨年中頃高裁が依頼した医師は贈収賄事件の渦中に引きずり出されたらしく、診断を辞退してきった。このため昨年末になってやっと民間の病院で引き受けてもらえるところが見つかったという。

この医師がどういう診断を下すのか私にも判らなかったが、少なくとも瞼が閉じたままで光しか感じないと主張するK氏が接着剤でも使っていない限り失明状態にあることは疑う余地もないと思われた。

（証人つぶし）

S保険会社のなりふりかまわない調査は高裁の審理が始まってからも続いた。特に卑劣だったのは、昨年夏、台湾に調査会社の人間を再度送り込み、ガイドさんの近隣をせめたてる作戦が展開された。

事故性については争いのないはずであるが、どうしても証人と会って証言を取り消させようとしているのか、或いは難癖をつけて粗探しでもするつもりなのか「日本の弁護士に全て話しています。そちらに聞いてください」と懇願するのを無視し、事件のことなど知る由もないガイドさんの職場（旅行会社）の上司や同僚を訪ね、さらに自宅近隣を廻り、あたかもガイドさんが日本人相手に売春でも行っていたか如く触れ廻ったという。

こうした行為は、早速弁護士を通じて裁判所に報告され、裁判官の心証を著しく損なった様子だが、こういうやからがいるから各種事件に関わる目撃者等の証人足る人々は貝のように口を閉ざすことが多いのだ。一般事件なら兎も角、日本を代表する会社のやることではないはずだ。

「会う必要はありません。日本の弁護士に聞いてください」と電話口に出たガイドさんの意に反して、その後も数日間自宅のチャイムが鳴らされ、中にいるのがわかると今度はガイドさん自身が電話口に出るまで呼び出し音が鳴り続けたため、K氏のところに「なんで？　私何も悪いことしてないのに日本人なんでこうなの？　私こわいよ、助けて！」と悲痛な電話があったという。

高利貸しの取立てを連想させるほどすさまじいものだったらしく、日本では刑事事件となりかねない内容である。

本件は最終的に、地裁と同様、K氏側の全面勝訴となった。S保険会社側の主張は何一つ取り上げられることなく、平成一七年に結審している。事故から実に七年以上かかった事になる。

以上

本書は二〇一二年三月に弊社より刊行された『特命！現役保険調査員の事件簿』を文庫化したものです。

文芸社文庫

特命！　現役保険調査員の事件簿

二〇一七年二月十五日　初版第一刷発行

著　者　小幡兼路
発行者　瓜谷綱延
発行所　株式会社　文芸社
〒一六〇-〇〇二二
東京都新宿区新宿一-一〇-一
電話　〇三-五三六九-三〇六〇（代表）
〇三-五三六九-二二九九（販売）
印刷所　図書印刷株式会社
装幀者　三村淳

ISBN978-4-286-17995-7